나만의 투자 루틴을 완성하는

미주부
주식 투자 수업

데이터와 시스템으로 사고하는
미주부 템플릿 200% 활용법

나만의 투자 루틴을 완성하는

미주부
주식 투자 수업

미주부 김훈 지음

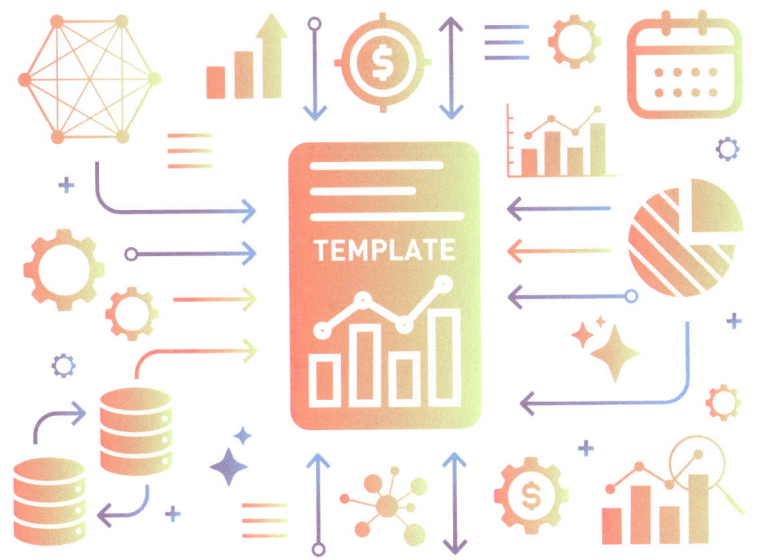

TEMPLATE

EDEN
HOUSE

사업과 투자를 오래 병행하며 가장 나중에서야 배운 진실이 하나 있습니다. 돈은 맹목적으로 쫓을수록 멀어지고, 가치에 집중할수록 따라온다는 사실입니다. 창업 초기에는 단순히 '빨리 돈을 벌자'라는 생각으로 사업이 아닌 장사를 했고, 오랜 시간 동안 많은 시행착오를 겪으면서 '돈보다는 핵심 가치를 설계하고 축적하는 사업'의 길로 방향을 틀었습니다.

나는 이 일을 왜(Why) 하고 있는가?

창업 초기에 이런 근본적인 질문에 대한 철학이 없었고, 철학이 없으니 돈을 쫓게 되었다는 의미입니다. 결과적으로 더 많은 돈을 벌고 싶다면, 돈이 목적이 되어서는 안 됩니다. 16년 동안 사업을 하면서 회사의 비전과 미션이 명확한 기업만이 지속 가능한 성과를 만든다는 것을 깨닫게 된 것이죠.

그리고 그 통찰은 주식 투자에도 그대로 적용해야 합니다. '왜 투자하는가'라는 근본 질문이 없는 투자자는 일시적 수익에 흔들리지만, 분명한 철학을 가진 투자자는 결과적으로 더 큰 수익을 낼 수 있습니다. 이 책을 통해 독자 여러분의 건강한 주식 투자 철학과 투자 루틴을 만드는 데 도움을 드리고자 합니다.

나는 독자에게 무엇을(What)을 건네고 싶은가?

이 책이 제안하는 핵심은 단순합니다. 전문가의 직감이 아니라, 검증 가능한 절차로 기업을 본다는 것. 그동안 사업을 하면서 투자 유치를 받기 위해 벤처 캐피털(VC)의 심사 테이블 앞에 수없이 사업 계획서를 내밀었습니다. 회사의 과거 3년치 재무제표와 향후 3~5년에 대한 사업 계획서를 가지고 투자자들을 설득하는 것이죠. 결국 저는 제 회사의 주식을 비싸게 팔기 위해 오랜 기간 고민을 한 것이었습니다.

주식 투자자의 관점에서 보면 제가 사업할 때와 반대로 생각하면 됩니다. 즉 좋은 기업의 주식을 저렴한 가격에 살 수 있는 통찰력을 만드는 것입니다. 과거 3년의 재무 성과와 향후 3~5년의 실행 계획이 논리적으로 맞물릴 때, 그 기업의 주식 가치는 상승할 가능성이 매우 높습니다.

'미주부 템플릿'은 이런 개념을 개인 투자자가 쉽게 판단할 수 있도록 만들었습니다. 기업의 미래 성장 기대감과 내재가치의 변동 요인까지, 주식을 처음 시작하는 초보 투자자도 쉽게 이해할 수 있도록 했습니다. 이렇게 하면 남이 뭐라 하든, 내 판단 기준으로 투자하기가 가능합니다.

투자가 어떻게 바뀌기를 바라는가

저는 독자 여러분들이 이 책을 통해 다음 세 가지를 습관으로 만들 길 바랍니다.

1) 투자 철학 세우기: '세상을 이롭게 할 기업과 동업한다'라는 관점으로 기업을 고르십시오. 수익은 그 결과입니다. 돈을 목적으로 베팅하는 태도에서 가치를 목적으로 투자하는 태도로의 전환이 첫걸음입니다.

2) 루틴으로 실행하기: 하루·주·분기 루틴을 정해 ETF → 포트폴리오 → 기업 분석으로 난도를 올립니다. 정해둔 체크 포인트(실적, 가이던스, 펀더멘털 변화, 사이클 위치)를 꾸준히 점검합니다.

3) 템플릿으로 기록 및 검증하기: 적정 주가 템플릿, 성장률 추적기, 투자 다이어리 같은 도구로 시장에 공개된 자료들을 정량화하여 판단 기준을 만들 수 있습니다.

왜 '돈 버는 철학'이 먼저인가

철학은 투자자의 의사결정 프레임을 만듭니다. 하락장에서도 매도·매수의 이유가 흔들리지 않는 힘, 과열에서 과감히 쉬어 갈 수 있는 절제, '지속 가능한 복리'를 위해 돈을 담아낼 그릇을 키우는 일까지 이 모든 것은 돈 버는 철학에서 출발합니다. 돈에 대한 철학이 없으면 주식을 단타와 투기 또는 베팅으로만 인식하게 되고, 결국 큰 수익을 낼 수 없습니다. 철학이 있으면 '돈 버는 그릇'을 키울 수 있고, 더 큰 수익을 만들 수 있습니다.

결국 돈이 목적이 되는 것이 아니라, 주식 투자를 통해 돈 버는 그릇을 키우고 발전해 나가다 보면 돈은 자연스럽게 따라올 것입니다.

책의 구성과 독서 지도

1장은 은퇴 설계와 현금 흐름 관리, 그리고 투자 철학 수립으로 기초 체력을 만듭니다. 2장은 '미주부 템플릿'을 중심으로 초급(ETF)→중급(포트폴리오 전략)→상급(기업 가치평가)로 난도를 높입니다. 실제 워크시트에 직접 입력해보면서 나만의 루틴을 완성합니다. 3장은 향후 1년 레이더를 여는 종목 발굴·분석 루틴을 제시합니다. '투자 다이어리'에 가설과 데이터, 액션을 적으며 재현 가능한 수익 공식을 만듭니다. 마지막으로 함께 배우고 성장하는 스터디 클럽 안내를 통해 실전에서 서로의 루틴을 점검하고 보완하는 부록을 마련했습니다.

마지막으로, 약속

이 책은 한 번 읽고 끝나는 비법서가 아닙니다. '철학―루틴―템플릿―기록'이라는 네 축을 여러분의 일상에 이식하는 작업 매뉴얼입니다. 우리는 시장의 하루 등락보다 사이클의 방향, 소문보다 기업의 내재가치 변화를 더 중요하게 여길 것입니다. 그리고 무엇보다 가치에 집중한 투자가 장기적으로 더 큰 수익을 가져온다는 사실을 데이터와 사례로 입증할 것입니다. 이 책을 덮을 때, 여러분의 투자에는 분명한 이유(Why)와 반복 가능한 절차(How), 그리고 측정 가능한 결과(What)가 자리할 것입니다. 그때 비로소 우리는 돈을 쫓지 않아도 돈이 따라오는 길을 택했다고 말할 수 있을 것입니다. 여러분의 투자 철학이 단단해질수록, 돈 버는 그릇도 함께 커질 것입니다. 이 여정에 함께해주서서 감사합니다.

독자를 위한 웰컴 키트

실전 투자를 위한 필수 준비물

잠깐! 책장을 넘기기 전에 잠시 멈춰주세요. 이 책은 단순히 눈으로 읽고 끝나는 이론서가 아닙니다. 이 책의 가장 큰 목표이자 비전은 여러분이 직접 기업의 가치를 분석하고, 판단하게 만드는 '실전 투자 매뉴얼'로써의 가치이기 때문입니다. 그렇기에, 가장 확실한 시너지 효과를 위해 아래의 준비물을 꼭 챙겨주시기를 추천드립니다. 전쟁터에 나가기 전 총과 총알을 챙겨야 하듯, 본격적인 학습에 앞서 투자의 강력한 무기인 '미주부 템플릿'을 준비해야 합니다.

독자 여러분이 책의 내용을 실시간으로 적용하며 200% 흡수하실 수 있도록, 〈MZB 파이어니어 클럽 30일 무료 구독권〉과 〈적정 주가 템플릿 세트〉를 웰컴 키트로 준비했습니다. 지금 바로 아래 순서에 따라 '나만의 투자 시스템'을 세팅하세요.

웰컴 키트 사용법: 3단계 세팅 루틴

STEP1. 30일 무료 구독권 활성화

아래 QR 코드를 스마트폰으로 스캔하여 MZB 파이어니어 클럽 30일 무료 구독권을 등록하세요. 간단한 설문 참여와 결제 수단만 등록하면 30일 무료 구독권이 자동으로 적용되어 즉시 이용 가능합니다. 번거로운 쿠폰 입력 절차 없이 간편하게 시작하여, 책에서 다루는 데이터 활용 강의와 매일의 시황 분석, 실전 투자 루틴 콘텐츠를 한 달간 무료로 경험해보세요.

STEP2. 무기 장착 (템플릿 다운로드)

제가 운영하는 스터디 클럽인 MZB 파이어니어 클럽에서는 책에서 다루지 못한 다양한 템플릿을 공유하며, 활용법 강의 영상도 함께 제공하고 있습니다. 주식 투자를 할 때 감정적인 매매를 하지 않도록 투자 루틴을 만드는 데 도움을 주는 미주부 15종 템플릿을 활용해보시기 바랍니다. 멤버십 페이지 접속 후 [시리즈] - [미주부 템플릿 15종 활용법 안내]를 확인하세요. 책의 핵심 도구인 '적정 주가 템플릿'과 '성장률 추적기' 사용법 강의를 시청하고, 구글 스프레드시트 템플릿을 저장할 수 있습니다. (템플릿을 직접 활용하기 위해서는 '사본 만들기'로 저장하셔야 수정이 가능합니다.)

STEP3. 책과 함께 실전 적용

준비는 모두 끝났습니다. 이제 책을 읽어 내려가며 다운로드한 템플릿에 직접 기업 데이터를 입력해보세요. 눈으로 볼 때와는 차원이 다른 진짜 투자 실력이 쌓이는 것을 경험하게 될 것입니다.

"준비가 되셨다면, 이제 1장으로 넘어가셔도 좋습니다."

차례

1장

투자를 위한 기초 체력 만들기

은퇴 설계부터 투자 철학까지, 돈을 대하는 태도

2장

미주부 템플릿으로 완성하는 실전 가이드

ETF, 포트폴리오, 가치 평가까지 투자 근육을 키우는 3단계 훈련법

3장

미래를 읽는 투자 다이어리

종목 발굴부터 액션까지, 수익 재현의 공식을 세우다

1장

투자를 위한
기초 체력 만들기

은퇴 설계부터 투자 철학까지,
돈을 대하는 태도

당신은 몇 살까지
일할 계획입니까?

　1장에서는 주식 투자 공부를 본격적으로 시작하기 전에 은퇴 계획
의 중요성에 대해 다루고자 합니다. 단순히 주식 투자를 통해 단기적
인 수익을 얻는 것이 아니라, 장기적인 재정 목표와 구체적인 전략을
세우는 것이 필수적입니다. 이는 경제적 자유를 이루고 안정적인 은
퇴를 준비하는 데 핵심적인 요소입니다.

　OECD 통계에 따르면 한국 직장인의 평균 퇴직 나이는 약 50세입
니다. 그러나 퇴직이 곧 경제 활동의 완전한 중단을 의미하는 은퇴는
아닙니다. 실제로 한국인의 평균 은퇴 나이는 약 72세로, 주된 직장에
서 물러나는 퇴직과 실질적인 은퇴 사이에는 무려 22년이라는 긴 시
간적 공백이 존재합니다. 만약 이 기간 동안 안정적인 소득원을 확보

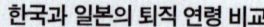

한국과 일본의 퇴직 연령 비교

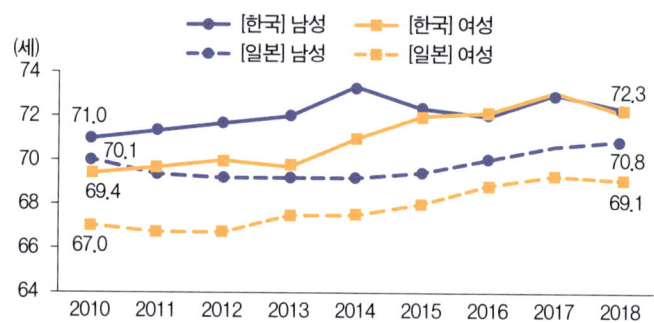

〈주요국* 실질·공식 은퇴 연령(2018년 남성)〉

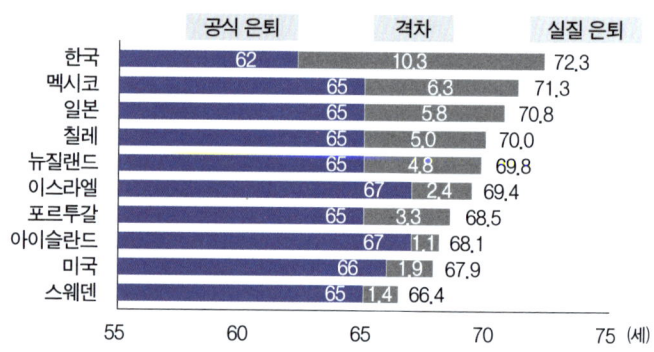

주: 공식 은퇴 연령은 국민연금 수급개시 연령이며, 한국 연금 제도 개정에 따라 OECD 공식 은퇴 연령 자료를
　61세에서 62세로 수정함.

자료: OECD

하지 못한다면, 개인의 삶은 재정적인 어려움에 직면할 가능성이 매우 큽니다.

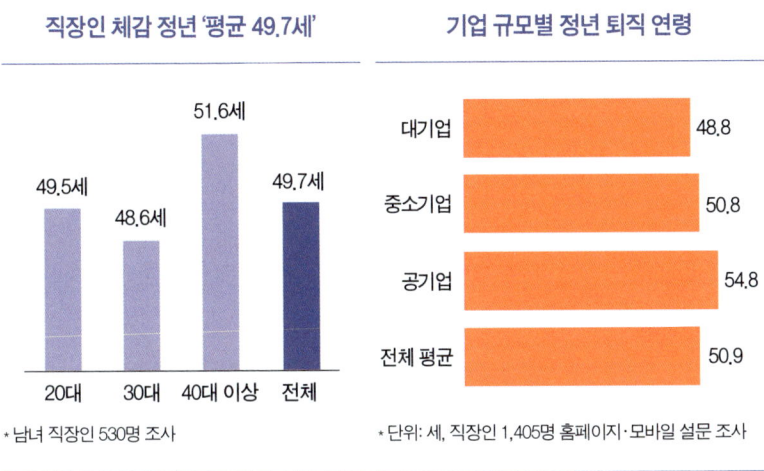

직장인 체감 정년 '평균 49.7세'

20대 49.5세
30대 48.6세
40대 이상 51.6세
전체 49.7세

* 남녀 직장인 530명 조사

자료: 잡코리아, 알바몬

기업 규모별 정년 퇴직 연령

대기업 48.8
중소기업 50.8
공기업 54.8
전체 평균 50.9

* 단위: 세, 직장인 1,405명 홈페이지·모바일 설문 조사

자료: 잡코리아, 알바몬

기대 수명 추이

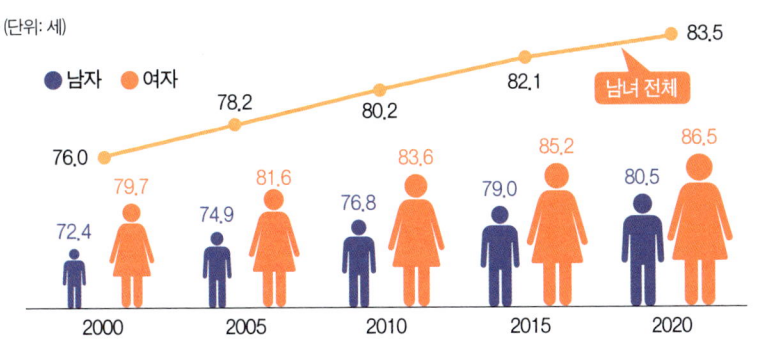

(단위: 세)

● 남자 ● 여자

남녀 전체

연도	남자	여자	남녀 전체
2000	72.4	79.7	76.0
2005	74.9	81.6	78.2
2010	76.8	83.6	80.2
2015	79.0	85.2	82.1
2020	80.5	86.5	83.5

자료: 통계청

이는 단순히 수치상의 이야기가 아닙니다. 퇴직 후 새로운 일자리를 찾거나, 모아둔 자산을 소진하며 생활비를 충당해야 하는 것이 많은 이들이 마주하는 현실입니다. 이러한 상황은 우리에게 명확한 경고를 보냅니다. 50세 이전에 충분한 재정적 기반을 마련하지 못한다면, 은퇴 이후의 삶은 예상보다 훨씬 더 팍팍할 수 있다는 사실입니다.

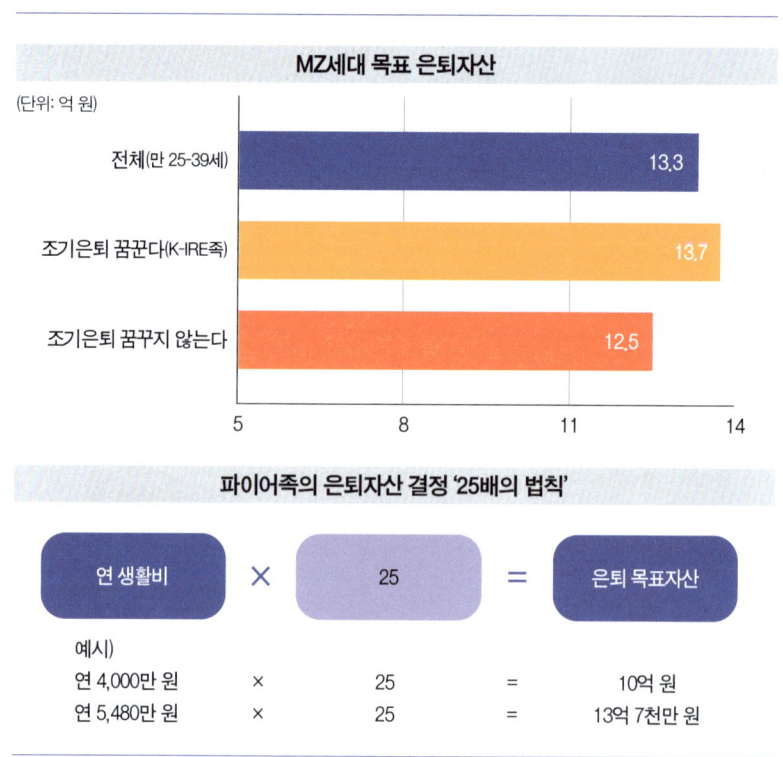

미래를 위한 계획과 준비

MZ세대 목표 은퇴자산

(단위: 억 원)

- 전체(만 25-39세): 13.3
- 조기은퇴 꿈꾼다(K-IRE족): 13.7
- 조기은퇴 꿈꾸지 않는다: 12.5

파이어족의 은퇴자산 결정 '25배의 법칙'

연 생활비	×	25	=	은퇴 목표자산

예시)

| 연 4,000만 원 | × | 25 | = | 10억 원 |
| 연 5,480만 원 | × | 25 | = | 13억 7천만 원 |

자료: NH투자증권

퇴직 후 약 22년, 길게는 30년 이상의 시간을 안정적으로 보내기 위해 무엇을 준비해야 할까요? 이 질문에 답하기 위해 우리는 먼저 스스로에게 질문해야 합니다. "나는 50세 이후에 어떤 모습으로 살아가고 싶은가?", 그리고 "그 삶을 영위하기 위해서는 얼마만큼의 자금이 필요한가?" 이에 대한 해답은 철저하고 현실적인 계획을 통해서만 얻을 수 있습니다.

결국 안정적인 노후란 은퇴 후에도 지속적인 경제 활동에 얽매이지 않고 자유로운 삶을 누릴 수 있는 상태, 즉 '경제적 자유'를 실현할 수 있는 자산을 보유하는 것을 의미합니다. 앞서 은퇴 계획의 중요성을 살펴보았다면 이제는 경제적 자유를 달성하기 위해 필요한 구체적인 자금 목표를 설정할 차례입니다. 막연한 희망이 아닌 수치에 기반한 명확한 목표는 장기적인 투자 여정을 이끄는 등대가 되어줄 것입니다. 그렇다면 경제적 자유를 이루기 위해 우리에게는 과연 얼마나 많은 자산이 필요할까요?

경제적 자유를 위한 은퇴 계획

최근 경제적 자립을 통해 조기은퇴를 추구하는 '파이어족(FIRE; Financial Independence, Retire Early)'이라는 개념이 주목받고 있습니다. 한 설문 조사에 따르면 파이어족이 희망하는 평균 은퇴 나이는 51세이며, 이들이 생각하는 경제적 자유 달성 목표 자금은 약 13억 7천만 원에 달했습니다.

이 금액은 일반적으로 연간 생활비의 25배를 기준으로 산출됩니다. 예를 들어, 한 가구의 연간 생활비가 4천만 원이라면 경제적 자유를 위해 필요한 자금은 약 10억 원으로 계산할 수 있습니다. 이는 '4%의 법칙'으로 알려진 인출 전략에 근거한 것으로, 투자 원금에서 매년 4%를 생활비로 사용한다는 가정입니다. 가령 연 6%의 기대 수익률을 달성한다면, 그중 4%는 생활비로 인출하고 나머지 2%는 자산에 재투자하여 물가 상승에 따른 자산 가치 하락을 방어하는 전략입니다.

장기 투자에서 목표 자금을 효과적으로 달성하기 위한 핵심 원리는 바로 '복리'입니다. 복리는 원금뿐만 아니라 발생한 이자에도 이자가 붙는 방식으로, 시간이 흐를수록 자산이 기하급수적으로 증가하는 효과를 만듭니다. 1억 원을 연 10%의 복리 상품에 투자했다고 가정해보겠습니다. 단순 계산으로는 10년이 지나야 원금이 두 배가 될 것 같지만, 복리의 마법 덕분에 자산은 약 7.2년 후 두 배가 됩니다. 이처럼 복리는 시간을 내 편으로 만들어 자산을 눈덩이처럼 키우는 강력한 도구입니다.

복리의 개념을 더 쉽게 이해하고 싶다면 '72의 법칙'을 활용할 수 있습니다. 이 법칙은 자산이 두 배가 되는 데 걸리는 시간을 어림잡아 계산하는 방법으로, 숫자 72를 기대 연간 수익률로 나누면 됩니다. 만약 연 10%의 수익률을 꾸준히 기록한다면, 원금이 두 배로 늘어나는 데에는 약 7.2년(72÷10)이 걸립니다. 반면, 수익률이 5%로 낮아진다면 그 기간은 약 14.4년(72÷5)으로 두 배 가까이 늘어납니다. 이는 장기적인 자산 형성 과정에서 높은 수익률을 유지하는 것만큼이나, 하루라도 빨리 투자를 시작하여 복리 효과를 누리는 '시간'이 얼마나 중요한지를 명확히 보여줍니다.

복리의 개념이 장기 투자에서 얼마나 중요한지는 구체적인 수치를 통해 확인할 때 더욱 명확해집니다. 시간에 따라 자산이 어떻게 눈덩이처럼 불어나는지 가상의 시나리오를 통해 살펴보겠습니다. 초기 투

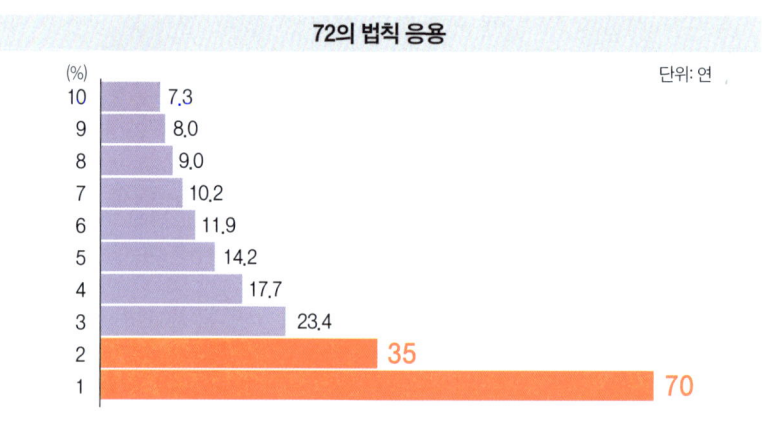

$$\frac{72}{연간\ 이자율} = \begin{array}{c} 자금이 \\ 2배\ 되는 \\ 예상\ 시간 \end{array}$$

72의 법칙 응용

5년 안에 자산을 2배로 늘리려면?

72 / 5 년 = 14.4 %

3년 안에 자산을 2배로 늘리려면?

72 / 3 년 = 24 %

72의 법칙 응용

(%)   단위: 연

10	7.3
9	8.0
8	9.0
7	10.2
6	11.9
5	14.2
4	17.7
3	23.4
2	35
1	70

자료: 미래에셋은퇴연구소

자금으로 1억 원을 마련하고, 연평균 10%의 복리 수익률을 꾸준히 달성한다고 가정해봅시다. 투자를 시작하고 10년이 지난 시점에는 자산

이 약 2억 5천만 원으로 불어납니다. 여기서 시간이 더 흘러 20년 후에는 약 6억 7천만 원에 이르게 되며, 30년 후에는 무려 초기 투자금의 14배가 넘는 약 14억 8천만 원이라는 상당한 규모의 자산으로 성장하게 됩니다.

이처럼 시간의 흐름은 복리 효과를 극대화하여 자산을 기하급수적으로 증식시키는 핵심 요소로 작용합니다. 따라서 자신의 초기 투자금과 목표 수익률을 설정한 뒤, 복리 계산기를 활용하여 미래의 예상 자산을 구체적으로 그려보는 과정은 성공적인 은퇴 계획의 중요한 첫걸음이라 할 수 있습니다.

다음 자료는 1984년부터 'SPDR S&P 500 ETF Trust(SPY)에 투자했을 때의 포트폴리오 성장 그래프입니다. 초기 투자금 1만 달러로 시작한 투자는 연평균 수익률 9.97%를 기록하며 약 14.8배 성장했습니다. 1987년 블랙먼데이, 2008년 닷컴버블, 2008년 금융위기, 2020년 코로나 충격 등으로 크고 작은 하락이 포함되어 있지만 장기적으로 꾸준히 우상향했습니다. 이 수치는 시간의 흐름이 보여준 장기 투자의 대표적 사례입니다.

복리의 위력을 간편하게 가늠해볼 수 있는 72의 법칙을 다시 한번 상기해보겠습니다. 이 법칙을 활용하면 원금이 두 배가 되는 데 걸리는 시간을 손쉽게 계산할 수 있습니다. 연간 10%의 수익률을 가정하면 자산이 두 배로 늘어나는 데 약 7.2년이 소요됩니다. 만약 투자 전략을 통해 연간 수익률을 14.4%까지 끌어올릴 수 있다면, 자산을 두 배로 불리는 데 필요한 시간은 약 5년으로 크게 단축됩니다. 이는 장

숫자로 증명하는 복리의 힘

포트폴리오	초기 투자금	최종 평가액	연평균 성장률	표준 편차	수익률이 가장 좋았던 해
SPDR S&P 500 ETF Trust	$100,000	$148,760	9.97%	14.85%	38.05%

기적인 자산 형성 과정에서 높은 수익률을 추구하는 노력과 더불어, 하루라도 빨리 투자를 시작하여 시간이라는 가장 강력한 무기를 확보하는 것이 얼마나 중요한지를 명확히 보여주는 사례입니다.

나의 은퇴 자산 설계하기

이론으로 배운 복리의 힘을 실제로 체감하고 구체적인 투자 계획을 세우기 위해 복리 계산기를 직접 활용해보는 것은 매우 중요합니다.

변수에 따라 미래의 자산이 어떻게 달라지는지 시뮬레이션하며 현실적인 목표를 설정해보겠습니다.

초기 투자금 1천만 원을 가지고 매달 100만 원씩 추가로 투자한다고 가정해보겠습니다. 이때 연평균 수익률을 15%로 설정하고 20년간 꾸준히 투자를 이어간다면, 총자산은 약 17억 원에 도달하게 됩니다. 여기서 주목할 점은, 20년간 투입된 총원금은 2억 5천만 원이며, 이를 제외한 나머지 금액은 모두 복리의 힘으로 만들어진 순수익이라는 사실입니다.

이처럼 복리 계산기를 활용하면 초기 투자금, 매월 추가 납입금, 예상 수익률 등의 조건을 바꾸어 다양한 시나리오를 계획할 수 있습니다. 투자 원금을 높이거나 매월 투자금을 늘리면 목표 금액에 도달하는 시간을 앞당길 수 있고, 반대로 목표 달성 기간을 늘리거나 기대 수익률을 조정하는 방식으로 자신에게 맞는 계획을 수립할 수 있습니다.

경제적 자유를 향한 장기 계획을 마치며

결론적으로 경제적 자유를 이루기 위해서는 구체적인 목표 설정, 장기적인 안목의 계획, 그리고 꾸준한 실천이 필수적입니다. 이번 장에서 제시된 다양한 사례와 계산법을 통해 여러분의 재정 목표를 명확히 하고, 복리 계산기를 적극적으로 활용하여 현실적인 투자 전략을 수립해보시길 바랍니다.

은퇴 준비는 단순히 자산을 축적하는 과정이 아니라, 자신이 원하는 삶을 스스로 설계하고 실현해 나가는 매우 중요하고 의미 있는 여정입니다. 이어서 투자 철학과 기초 주식 용어에 대한 이해를 바탕으로, 본격적인 주식 투자를 위한 단단한 기반을 다져보도록 하겠습니다.

흔들리지 않는
투자 철학의 중요성

이번 장에서 가장 강조하고 싶은 부분은 바로 투자에 임하는 마음 가짐, 즉 투자 마인드와 철학의 확립입니다. 프롤로그에서부터 나만의 투자 철학 없이 단순히 돈만 쫓는다면, 진정한 의미의 '투자'가 아니라고 강조해왔습니다. 투자 마인드와 철학은 단순히 주식을 사고파는 기술적인 차원을 넘어, 여러분의 주식 투자 여정을 성공으로 이끄는 데 매우 중요합니다. 저 역시도 지난 16년간 사업을 운영하며 투자와 관련된 확고한 철학이 부재했을 때마다 수많은 시행착오를 겪어야 했습니다. 이 과정에서 제가 직접 경험한 사례들을 통해 왜 우리에게 단단한 투자 철학이 필요한지 설명해드리고자 합니다.

철학이 부재했던 시절의 실패 경험

초창기 사업을 시작했을 때, 모든 의사결정의 기준은 오직 '돈을 버는 것'이었습니다. 돈이 목적이 되니 오직 돈 벌기에만 집중하게 되었고, 이런 마인드로 회사를 운영하다 보니 회사의 비전이나 미션도 없었습니다. 결국 수많은 시행착오를 겪으며 나만의 사업 철학에 대한 고민을 하게 되었고, 철학을 확립하고 나서부터는 모든 상황이 달라지기 시작했습니다. '나는 이 사업을 왜 하는가?' 혹은 '나는 이 기업에 왜 투자하는가?'와 같은 근본적인 질문에 답을 찾기 위해 시간을 들였고, 그 목적이 단순히 돈이 되어서는 안 된다는 것을 깨달았습니다.

이러한 자기 성찰의 과정은 단순한 이익 추구를 넘어, 기업의 장기적인 비전과 가치를 기준으로 투자 결정을 내리게 하는 중요한 전환점이 되었습니다. 투자 철학은 '돈을 담는 그릇의 크기'와도 같습니다. 자신만의 명확한 투자 철학이 있어야만 그릇의 크기를 키울 수 있으며, 이는 결국 더 큰 부를 담아낼 수 있는 기반이 됩니다.

지난 16년간 사업을 하면서 겪었던 시행착오

16년간 사업과 투자를 병행하며 가장 뼈저리게 깨달은 교훈이 있다면, 그것은 바로 '돈을 쫓을수록 더 멀어진다'는 역설적인 진실이었습니다. 사업 초반, 오직 돈을 벌겠다는 일념만으로 모든 것을 판단하고 실행했습니다. 하지만 돈 자체를 목표로 삼는 순간, 오히려 방향을 잃고 눈앞의 단기적인 이익에만 집착하게 되었습니다. 이러한 태도는 투자와 사업 모두에서 항상 실패라는 쓰디쓴 결과로 돌아왔습니다. 확고한 철학이 없었기에 비슷한 실패를 10년 가까이 반복해야 했습니다.

이와 반대로 맹목적으로 돈만 쫓기를 멈추고 철학과 가치를 우선시하기 시작했을 때, 비로소 상황은 극적으로 달라졌습니다. 단기적인 수익성보다는 장기적인 목표를 기준으로 삼았고, 투자하려는 기업이 세상에 어떤 긍정적인 영향을 미칠 수 있는지 고민했습니다. 그리고 이러한 변화는 단순히 투자 결과의 개선을 넘어, 저 자신을 한 단계 더 성장시키는 중요한 계기가 되었습니다. 돈 버는 철학이 없는 투자는 결코 성공할 수 없다는 것이 지난 16년간 얻은 가장 큰 교훈입니다. 철학은 우리가 길을 잃었을 때 올바른 방향을 가리키는 등대이며, 시장의 불확실성 속에서도 원칙을 지킬 수 있게 하는 든든한 버팀목이 되어줍니다.

투자를 시작하기 전, 스스로에게 던져야 할 질문

따라서 저는 여러분이 투자를 시작하기 전에, 잠시 멈추어 스스로에게 몇 가지 질문을 던져보시기를 진심으로 권합니다. '나는 왜 이

일을 하는가?', '나는 왜 주식 투자를 시작하려는가?'와 같은 근본적인 동기부터 시작하여, '내가 돈을 벌려는 궁극적인 이유는 무엇인가?', 그리고 더 나아가 '내가 투자하려는 이 기업은 세상에 어떤 가치를 제공하는가?'에 이르기까지 깊이 성찰해보아야 합니다.

이러한 질문들에 대한 답을 정립해 나가는 과정이 바로 나만의 투자 철학을 세우는 시작이 될 것입니다. 부디 독자분들은 저처럼 오랜 시행착오를 겪는 대신 처음부터 올바른 방향으로 나아가실 수 있기를 바랍니다.

주식 초보가 돈을 잃는 세 가지 이유

주식 투자를 처음 시작하는 초보 투자자들이 반복적으로 손실을 경험하는 데에는 몇 가지 공통된 원인이 있습니다. 기본적인 원칙을 간과하거나 잘못된 방식으로 시장에 접근하기 때문입니다. 실제로 강의를 진행하며 가장 안타깝게 느끼는 부분은 이러한 실수를 미연에 충분히 방지할 수 있음에도 불구하고, 많은 투자자들이 같은 함정에 빠진다는 점입니다. 이번 장에서는 초보 투자자들이 소중한 자산을 잃게 되는 세 가지 주요 원인을 깊이 있게 분석해보겠습니다.

첫째로 자신의 분석 없이 남의 말에만 의존합니다. 가장 흔한 투자 실패의 원인은 스스로 검증하고 분석하는 과정 없이 타인의 추천에만 의존하여 주식을 매수하는 경우입니다. 많은 투자자가 뉴스 기사, 유튜브 영상, 혹은 주변 지인의 "좋다더라"라는 말 한마디에 쉽게 매수 버튼을 누릅니다. 이들은 단순히 정보를 수집하는 행위를 '공부'라고 착각하지만, 진정한 공부는 정보를 비판적으로 분석하고 평가하여 자신만의 투자 가치를 판단하는 과정까지 포함해야 합니다. 유튜브에서 어떤 주식이 유망하다고 이야기하는 것을 그대로 믿고 투자하는 것은 분석에 기반한 투자라기보다는 맹목적인 투기에 가깝습니다.

둘째는 명확한 목표 없이 투자에 임합니다. 투자의 목표가 명확하지 않으면 시장의 작은 변동에도 쉽게 길을 잃고 감정적인 결정을 내리게 됩니다. 여기서 말하는 목표란, 단순히 '수익률 30%가 되면 팔겠다'거나 '20% 하락하면 손절하겠다'와 같은 단기적인 계획을 의미하지 않습니다. 진정한 목표는 투자 기간과 기업의 본질적인 가치에 기반을 두어야 합니다. 예를 들어, 어떤 기업의 기업 가치가 1조 원이라면 기업의 성장 가능성을 면밀히 분석하여 3년 후에 해당 기업의 가치가 얼마나 성장할 수 있을지를 예측하고 그에 따라 투자 기간, 목표 수익률, 연간 수익률 등의 투자 목표를 수립해야 합니다. 이를 바탕으로 장기적인 투자 계획을 세우는 것이 올바른 목표 설정입니다.

셋째는 주식의 가치가 아닌 가격으로만 판단합니다. 많은 투자자들이 어떤 기업이 유망한지는 알지만 현재 그 기업의 주가가 적정한지, 즉 싼지 비싼지는 판단하지 못합니다. 그 결과 시장 분위기에 휩쓸려 비싼 가격에 주식을 매수하고, 공포감에 못 이겨 저렴한 가격에 매도하는 실수를 반복합니다. 이는 기업의 내재가치를 평가하는 과정 없이, 오직 주가 그래프의 움직임만 보고 매수와 매도를 결정하기 때문에 발생하는 문제입니다. 특히 주가가 하락하는 모습만 보고 바닥이라고 섣불리 판단하여 매수했다가 더 큰 하락을 경험하는 것은 초보 투자자들이 흔히 겪는 함정입니다. 이러한 악순환의 고리를 끊기 위해서는 가치 평가 능력을 기르는 것이 무엇보다 필수적입니다.

당신은 투자를 하고 있는가, 베팅을 하고 있는가?

주식 시장에서 자산을 운용하는 행위는 그 목적과 방식에 따라 투자, 투기, 베팅이라는 세 가지 형태로 나눌 수 있습니다. 많은 초보 투자자들이 이 세 가지 개념을 혼동하여 의도치 않은 위험에 노출되곤 합니다. 성공적인 투자의 시작은 내가 지금 하려는 행위가 이 중 어디에 해당하는지를 명확히 인지하는 것에서부터 시작됩니다.

먼저 '투기'란, 기회를 틈타 단기간에 큰 이익을 얻으려는 행위를 말합니다. 가령 특정 기업의 주가가 하락했을 때, 그 이유에 대한 깊이 있는 분석 없이 곧 오를 것이라는 막연한 기대감으로 매수하는 경우가 대표적인 예입니다. 이는 결과가 매우 불확실한 도박과 유사한 성격을 지닙니다. 다음으로 '베팅'은 불확실한 결과에 돈을 거는 행위 그 자체에 더욱 가깝습니다. 기업의 가치나 사업 모델에 대한 이해 없이 단순히 뜬소문이나 검증되지 않은 정보만 믿고 주식을 사는 것이 여기에 해당합니다. 이는 마치 경마장에서 어떤 말이 우승할 것인지에 돈을 거는 행위와 본질적으로 다르지 않습니다.

　반면 진정한 '투자'란, 충분한 시간과 정성을 들여 기업의 본질적인 가치를 분석하고 그 미래 성장 가능성에 자본을 투입하여 장기적인 성과를 함께 나누는 행위입니다. 이는 단순히 주가 차트의 등락을 좇아 거래하는 것과는 근본적으로 다른 접근 방식입니다.

돈을 넘어 성장으로 이어지는 투자 철학

　진정한 투자는 단순히 돈을 버는 행위에서 끝나지 않습니다. 좋은 기업을 발굴하고 그 성장 과정을 지켜봄으로써 기업 경영, 경제의 흐름, 그리고 산업의 미래에 대해 배우며 스스로를 발전시킬 수 있습니다. 저 역시 이러한 과정을 통해 성장할 수 있었습니다. 독자 여러분도 자신만의 투자 철학을 세우는 과정 속에서 큰 성장을 경험하시기를 바랍니다. 따라서 다음과 같은 철학을 바탕으로 주식 투자에 접근해보시기를 제안합니다. 세상을 이롭게 할 좋은 기업을 발굴하여 투자하고, 그 기업이 그리는 비전과 성장의 과실을 함께 나누며, 궁극적으로 투자라는 과정을 즐기면서 스스로를 성장시키는 것입니다.

　이러한 철학은 단기적인 수익률에 얽매이지 않고, 투자를 통해 개인의 삶을 더욱 풍요롭게 만드는 건전한 방향성을 제시합니다. 세계적인 동기부여 전문가 사이먼 시넥(Simon Sinek)이 제시한 '골드 서클(Golden Circle: Why-How-What)' 이론에 따라 스스로의 투자 목적을 먼저 정립하는 것도 자신만의 철학을 세우는 데 훌륭한 방법이 될 것입니다.

가장 먼저 '왜(Why) 우리는 돈을 넘어 성장을 목표로 투자해야 하는가?'에 대답해야 합니다. 투자는 더 많은 돈을 만드는 기술이 아니라, 더 큰 사람이 되는 과정입니다. 돈만 늘어나는 투자는 불안과 비교를 키우지만, 성장이 중심이 된 투자는 선택을 넓히고 삶을 확장시킵니다. 따라서 돈은 결과이고 자기 계발, 즉 성장은 목적이어야 합니다. 성장이 계속된다면 돈은 따라올 것이지만, 돈만을 쫓는다면 성장도 멈출 것입니다.

다음으로 '어떻게(How) 하면 투자를 성장의 도구로 만들 수 있는가?'를 고민해야 합니다. 그러기 위해서는 관점의 전환이 필요합니다. 시장을 이기려고 하지 말고, 어제의 나를 이기고자 목표를 세우는 것입니다. 그리고 단기 수익이 아닌 장기 복리 구조를 만들어야 합니다. 수익률보다 나 자신의 업그레이드를 목표로 하고, 장기 복리 구조를 만들기 위해서는 자산보다 자신에게 투자해야 합니다. 지식, 직업 역량, 기회 탐색 능력, 사고 체계 등은 모두 복리로 성장하기 때문입니다. "최고의 ETF는 자기 자신"이라는 말은 금융이 아닌 철학입니다.

마지막은 '구체적으로 무엇(What)을 실천해야 하는가?'에 답할 수 있어야 합니다. 그러기 위해서는 돈이 아니라 시스템이 일하게 하는 자동화된 장기 투자, 자산이 아니라 세상과 인간의 변화를 위한 공부, 평가 기준의 재정의가 필요합니다. 결국 돈을 위해 투자하면 돈만 쫓게 되면서 성장은 없을 것이고, 성장을 위해 투자한다면 돈과 삶이 함께 커지는 복리의 삶을 영위하게 될 것입니다.

기업 가치 평가의 본질과 중요성

투자의 여정에서 성공의 확률을 높이기 위해서는 투자하려는 대상, 즉 기업의 가치를 꿰뚫어 보는 능력이 필수적입니다. 이는 성공적인 투자를 위한 가장 중요한 첫걸음이자, 단단한 투자 철학을 완성하는 마지막 과정이기도 합니다. 기업에 투자하기 전에 해당 기업의 가치를 종합적으로 평가하는 과정은 반드시 거쳐야 합니다. 이때의 가치 평가란 단순히 재무제표의 숫자를 분석하는 기술적인 차원을 넘어섭니다. 해당 기업이 속한 산업 내에서의 경쟁력과 위치, 미래 성장 가능성, 그리고 시장 점유율의 변화 추이 등을 다각도로 판단하는 종합적인 분석을 의미합니다.

투자자는 자신의 소중한 자본을 통해 어떤 미래 가치를 얻을 수 있을지를 명확히 알아야 합니다. 따라서 기업이 세상에 제시하는 비전과 성장 잠재력을 신중하게 분석하고 판단하는 과정이야말로 투자를 투기나 베팅이 아닌 성공적인 가치 성장 활동으로 만드는 핵심입니다.

결론적으로 주식 투자는 단순히 돈을 벌기 위한 행위를 넘어서 세상을 더 나은 방향으로 변화시키는 위대한 기업과 함께 호흡하며 성장하고, 그 과정 속에서 투자자 자신의 지적, 인격적 역량 또한 키워나가는 귀중한 여정입니다. 올바른 투자 철학은 단기적인 시장의 변동성에 흔들리지 않는 굳건한 기준이 되어주며, 장기적으로 투자자로서의 깊이 있는 내적 성장과 발전을 이끌어내는 가장 강력한 원동력이 될 것입니다.

처음부터 다시 배우는 투자 언어

앞서 성공적인 투자의 방향을 잡아주는 나침반인 투자 철학에 대해 논의했습니다. 이제부터는 나만의 철학을 실제 투자에 적용하기 위해 반드시 알아야 할 기초적인 용어들을 배우는 시간을 갖겠습니다. 이 내용은 주식을 처음 접하시는 분들을 위한 것이므로, 이미 용어에 익숙하신 분들은 배운 내용을 다시 한번 정리하는 복습의 차원에서 가볍게 봐주시기 바랍니다.

자본금과 액면가: 회사의 주춧돌 이해하기

주식 투자를 위해 가장 먼저 이해해야 할 용어는 바로 '자본금(Capital Stock)'과 '액면가(Par Value)'입니다. 이 개념들을 쉽게 이해하기 위해 '미주부 치킨집'이라는 법인을 새로 설립하는 상황을 상상해 보겠습니다. 치킨집을 열기 위해 필요한 초기 사업 자금, 즉 자본금을 1억 원으로 설정했다고 가정하겠습니다. 1억 원을 법인 명의의 통장에 입금하면 회사는 이 자본금을 기준으로 주식을 발행하여 주주를 구성하게 됩니다.

이때 등장하는 개념이 바로 액면가입니다. 액면가는 회사가 최초로 발행하는 주식 1주의 명목상 가격으로, 이 가격을 기준으로 총 몇 개의 주식을 발행할지가 결정됩니다. 예를 들어 액면가를 500원으로 정하면 총발행 주식 수는 '자본금 1억 원÷액면가 500원'으로 계산되어 총 20만 주가 됩니다. 만약 액면가를 5,000원으로 설정한다면 같은 자본금이라도 발행 주식 수는 2만 주로 줄어들게 됩니다. 이 개념들이 실제 법인 설립 과정에서 어떻게 적용되는지 법무사와의 가상 대화를 통해 더욱 생생하게 살펴보겠습니다.

법무사: 미주부 님, 법인을 설립하시려면 먼저 자본금을 정해야 합니다. 계획하신 금액이 있으신가요?

미주부: 네, 자본금은 1억 원으로 생각하고 있습니다. 이 금액을 법인 통장에 입금하면 되는 것이지요?

법무사: 맞습니다. 이제 자본금 1억 원을 기준으로 주식을 발행해야 하니, 주식 한 주의 가격인 액면가를 정하셔야 합니다. 얼마로 설정하시겠습니까?

미주부: 음… 액면가는 보통 어떻게 정하는 편인가요?

법무사: 법적으로 정해진 것은 없지만 통상적으로 계산이 편리한 500원, 1,000원, 혹은 5,000원 단위로 많이들 설정하십니다. 액면가에 따라 총발행 주식 수가 달라집니다.

미주부: 그렇군요. 그럼 500원으로 하겠습니다. 총 몇 주가 발행되는 건가요?

법무사: 자본금 1억 원을 액면가 500원으로 나누면 됩니다. 즉 20만 주가 발행됩니다.

미주부: 아하, 그러면 저희 '미주부 치킨집'은 액면가 500원짜리 주식 20만 주를 발행한 회사가 되는 거네요?

법무사: 정확합니다. 이제 발행 주식 수와 액면가를 기준으로 법인 등기를 진행하시면 됩니다.

위 대화는 법인 설립이라는 구체적인 사례를 통해 자본금, 액면가, 그리고 총발행 주식 수가 어떻게 서로 긴밀하게 맞물려 있는지를 명확하게 보여줍니다. 이 세 가지 개념의 상관관계를 이해하는 것은 앞으로 분석하게 될 수많은 기업의 기본적인 구조를 파악하는 데 가장 중요한 첫걸음이 될 것입니다. 자본금과 액면가의 개념을 이해했다면, 다음으로는 기업의 시장 가치를 나타내는 시가총액과 주가에 대해 알아볼 차례입니다. 앞서 살펴본 사례를 이어가며, 비상장 기업의 가치가 어떻게 결정되는지 구체적으로 살펴보겠습니다.

비상장 기업의 가치 평가: 미주부 치킨집 이야기

1억 원의 자본금으로 설립된 비상장 회사 '미주부 치킨집'이 1년간 성공적으로 운영되어 그 가치가 두 배로 증가하여 2억 원으로 평가받게 되었다고 가정해보겠습니다. 이 과정에서 회사의 시장 가치, 즉 시가총액과 그에 따른 주가가 어떻게 결정되는지 알아보겠습니다. 비상장 기업인 미주부 치킨집의 시가총액은 공개된 시장이 아닌, 회사를 사고자 하는 매수자와 팔고자 하는 매도자의 직접적인 협의를 통해 결정됩니다. 예를 들어, 회사의 소유주인 미주부는 자신의 회사(치킨집)를 매각하기로 하고 잠재적 매수자에게 다음과 같이 제안할 수 있습니다.

"저는 1억 원의 자본금으로 이 치킨집을 설립했고, 지난 1년간의 노력을 통해 연매출 4억 원에 순이익 5천만 원을 달성하였습니다. 따라서 저는 이 회사(치킨집)의 투자 원금(보증금+인테리어+시설비 투자) 1억원에 권리금 1억 원을 더하여, 전체 가치를 2억 원으로 책정하여 매도하고 싶습니다."

만약 매수자가 이 제안을 온전히 받아들여 2억 원에 회사를 인수하기로 합의한다면, 2억 원이 미주부 치킨집의 시가총액이 됩니다. 이렇게 시가총액이 결정되면, 이를 총발행 주식 수로 나누어 1주당 가격인 주가를 계산할 수 있습니다. 계산식은 '주가=시가총액÷발행 주식 수'이며, 이에 따라 미주부 치킨집의 주가는 다음과 같습니다.

$$2억 원 ÷ 20만 주 = 1,000원$$

이처럼 비상장 기업의 경우, 시가총액과 주가는 불특정 다수의 시장 참여자가 아닌 특정 매수인과 매도인의 직접적인 협상에 따라 결정됩니다. 이 때문에 공개된 시장에 등록되지 않은 주식의 가치는 개인 간의 합의에 따라 유동적으로 변할 수 있다는 특징을 가집니다.

상장 기업의 가치 결정: 공개 시장에서의 거래

반면, 우리가 주로 거래하게 될 상장 기업의 가치는 이와 다른 방식으로 진행됩니다. 주식 시장에 상장된 기업의 경우 시가총액과 주가는 수많은 투자자들이 참여하는 공개 시장에서의 거래를 통해 결정됩니다. 삼성전자의 주식을 예로 들면, 누군가는 더 비싸게 팔고 싶어 하고 다른 누군가는 더 싸게 사고 싶어 하는 등 수많은 매수자와 매도자가 서로 다른 가격을 제시하며 끊임없이 거래됩니다.

이 과정에서 매수자와 매도자가 제시한 가격이 일치하여 거래가 성사되는 바로 그 순간의 가격이 해당 기업의 주가가 됩니다. 이렇게 결정된 주가를 바탕으로 '시가총액＝주가×총발행 주식 수'라는 공식에 따라 계산됩니다. 따라서 상장 기업의 주가와 시가총액은 시장 참여자들의 평가와 거래 활동을 실시간으로 반영하며 계속해서 변동하는 특징을 가집니다.

두 시장의 본질적 원리

정리하자면 비상장 기업은 특정 매수자와 매도인 간의 비공개적인 협상을 통해 기업 가치와 주가가 결정되는 반면, 상장 기업은 주식 시장이라는 공개된 플랫폼에서 불특정 다수의 투자자가 참여하는 거래를 통해 가치가 실시간으로 결정된다는 점에서 차이가 있습니다.

이러한 차이점에도 불구하고 가치가 결정되는 본질적인 원리는 동일합니다. 미주부 치킨집의 사례를 다시 떠올려보겠습니다. 매도자인 미주부가 회사를 2억 원에 팔겠다고 제안한 것은 회사의 전체 가치, 즉 시가총액을 2억 원으로 평가한 것입니다. 매수자가 이를 수락하여 거래가 성사되었을 때 주가는 1,000원으로 확정되었습니다. 이처럼 비상장 기업에서는 매도자가 제시하는 가치를 매수자가 평가하고 협상하는 '합의'의 과정이 가치 결정의 핵심 요소가 됩니다.

상장 기업에서는 이러한 합의의 과정이 개인 간의 직접적인 협상 대신, 수많은 익명의 참여자들이 호가를 제시하는 주식 시장이라는 공개된 플랫폼에서 이루어질 뿐입니다. 본질적으로 주가는 매도자와 매수자의 합의를 통해 결정된다는 점에서 비상장 기업과 동일한 원리가 적용되는 것입니다. 결론적으로 시가총액과 주가는 기업의 시장 가치를 나타내는 중요한 지표로써 그 결정 방식이 비상장 기업의 경우 개인 간의 협상에, 상장 기업의 경우 공개 시장의 거래에 기반한다는 차이점을 가집니다. 이 차이를 명확히 이해하는 것은 주식 시장의 작동 원리와 기업 가치 평가의 기본을 파악하는 데 큰 도움이 될 것입니다.

주가 차트 읽기의 기본, 캔들과 이동평균선

주식의 가격 움직임을 시각적으로 나타내는 주가 차트를 이해하기 위해서는 가장 기본이 되는 몇 가지 요소를 알아야 합니다. 그중에서도 '봉'과 '이동평균선'은 주가의 하루 흐름과 장기적인 추세를 파악하는 데 핵심적인 역할을 합니다.

하루의 흐름을 담은 봉(캔들): 양봉과 음봉

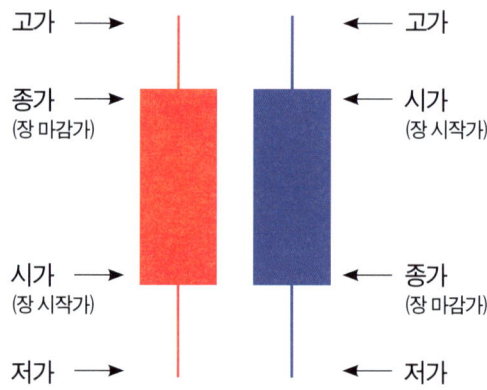

주식 차트에서 볼 수 있는 막대그래프 하나하나를 '봉' 또는 '캔들 (Candle)'이라고 부릅니다. 이 봉의 색깔과 모양에 따라 그날의 주가 상승과 하락을 시각적으로 보여줍니다. 먼저 '양봉'은 주가가 상승으로 마감했음을 의미하며, 시가(장이 시작된 가격)가 종가(장이 마감된 가격)보다 낮은 경우에 나타납니다. 차트에서는 주로 붉은색 네모 형태로 표시되는데, 이때 네모의 아랫부분이 시가, 윗부분이 종가가 됩니다. 반대로 '음봉'은 주가가 하락 마감했음을 의미하며, 시가가 종가보다 높아 파란색 네모로 표시됩니다.

이러한 양봉과 음봉의 네모 몸통 위아래로 뻗어 있는 얇은 선, 즉 '꼬리'는 그날의 최고가와 최저가를 나타냅니다. 양봉의 경우, 시가에 시작한 주가가 장중에 오르고 내림을 반복하다가 결국 시가보다 높은 종가로 마감했다는 복합적인 흐름을 하나의 봉을 통해 직관적으로 파악할 수 있습니다.

추세를 보여주는 선: 이동평균선과 지지선

'이동평균선'이란 일정 기간 동안의 평균 주가를 점으로 이어 만든 선으로, 주가의 전반적인 추세를 파악하는 데 유용하게 사용됩니다. 대표적으로 최근 5일간의 종가 평균을 나타내는 5일 이동평균선, 20일간의 평균치인 20일 이동평균선, 그리고 분기 추세를 볼 수 있는 60일 이동평균선 등이 있습니다.

많은 투자자들이 이러한 이동평균선을 주가의 '지지선'으로 활용하기도 합니다. 지지선이란 주가가 하락세를 보이다가도 특정 가격대에 닿으면 하락을 멈추고 다시 반등할 가능성이 높다고 여겨지는 지점을 의미합니다. 이동평균선이 바로 이러한 지지선의 역할을 할 수 있습니다.

앞서 소개한 참고용 그래프를 보면서 현재 추세 방향을 말로 설명하는 연습을 해보시길 바랍니다. 그 밖에도 상승 및 하락 추세 구간을 표시해보고, '만약 여기서 매수 혹은 매도했다면?'이라는 질문을 시뮬레이션해보는 것도 좋습니다.

시장의 과열과 침체를 읽는 지표, RSI

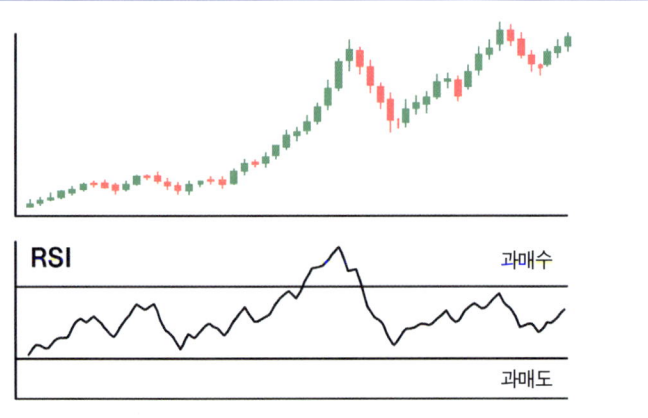

RSI 지표 읽는 법

1) RSI는 50%를 기준으로 50% 이상은 매수세 우세, 50% 이하는 매도세 우세를 나타냄.

2) RSI가 70% 이상이면 매수세가 상당히 커서 초과 매수 국면에 도입.

3) RSI가 30% 이하이면 매도세가 상당히 커서 초과 매도 국면에 도입.

주가 차트 분석에는 주가의 추세뿐만 아니라 현재 시장의 강도를 파악하는 것도 중요합니다. 이를 위해 활용되는 대표적인 기술적 분석 지표가 바로 '상대강도지수(RSI; Relative Strength Index)'입니다. RSI는 주가의 가격 변동 속도와 변화량을 측정하여, 현재 주가 수준이 과도하게 올랐다고 판단되는 '과매수' 상태인지, 혹은 과도하게 떨어졌다고 여겨지는 '과매도' 상태인지 파악하기 위해 사용됩니다. RSI의 값은 0에서 100 사이의 수치로 표시되며, 특정 기간 동안의 주가 상승폭과 하락폭을 상대적으로 비교하여 계산됩니다.

이 지표는 시장의 매수세와 매도세의 강도를 상대적으로 보여주는데, 통상적으로 값이 70 이상일 경우 과매수 상태로 해석합니다. 이는 매수세가 지나치게 강해 주가가 단기적으로 과열되었을 가능성을 나타내며, 곧 가격 조정이 나타날 수 있다는 신호로 받아들여집니다. 반대로 값이 30 이하일 경우에는 과매도 상태로, 매도세가 과도하게 강해 주가가 단기적으로 저평가되었을 가능성을 시사합니다. 따라서 이 시점에서는 기술적 반등이 일어날 확률이 높다고 판단합니다.

RSI의 계산 원리

RSI는 '100-[100÷(1+RS)]'라는 공식을 통해 계산됩니다. 여기서 RS(Relative Strength)는 특정 기간 동안의 평균 상승폭을 평균 하락폭으로 나눈 값, 즉 상승 압력과 하락 압력의 상대적인 비율을 의미합니다. 예를 들어 14일을 기준으로 RSI를 계산한다면, 먼저 지난 14일 동안 주가가 상승한 날의 상승폭 평균과 하락한 날의 하락폭 평균을 각각 구합니다. 이 두 평균값을 나누어 RS를 산출한 뒤, 최종적으로 이를 RSI 공식에 대입하여 현재의 값을 얻게 됩니다.

앞서 RSI의 개념과 계산 원리를 살펴보았다면, 이제는 실제 투자에서 어떻게 활용할 수 있는지와 주의해야 할 점은 무엇인지 구체적으로 알아보겠습니다. RSI는 단독으로 사용하기보다 다른 지표나 기업 분석과 함께 활용할 때 신뢰도가 높아집니다. 일반적으로 RSI가 70을 초과하는 과매수 구간에 진입하면, 매수세가 과도하게 커져 주가가 단기 고점에 가까워졌을 가능성이 있다고 보고 매도 신호로 고려할 수 있습니다. 반대로 RSI가 30 이하로 떨어지는 과매도 구간은 매도세가 지나치게 강해 주가가 저평가되었을 가능성이 높다고 판단하여 매수를 고려해볼 만한 시점으로 활용됩니다.

예를 들어 어떤 기업의 본질 가치가 훌륭하다고 판단되는 상황에서 RSI가 25까지 하락했다면, 이는 기술적으로 매력적인 매수 타이밍이 될 수 있습니다. 반대로 주가가 계속해서 올라 RSI가 80에 도달했다면, 주가 상승의 힘이 한계에 다다랐을 가능성을 염두에 두고 신중한 접근이 필요합니다.

그러나 RSI는 시장의 단기적인 심리를 파악하는 데 유용할 뿐, 단독으로 모든 의사결정을 내리는 데에는 명백한 한계가 있습니다. 가령 RSI가 과매수 구간인 70 이상에 들어섰다고 해서 주가가 반드시 하락하는 것은 아닙니다. 강한 상승 추세가 지속될 경우, RSI는 과매수 구간에 오랜 기간 머물 수도 있습니다. 과매도 구간 역시 마찬가지로, 주가가 추가적으로 더 하락할 가능성을 완전히 배제할 수는 없습니다. 따라서 RSI는 기업의 본질적인 가치와 미래 성장성을 평가하는 기본적 분석과 함께 보조적인 지표로 사용하는 것이 가장 바람직합니다.

기초 용어를 넘어 가치 투자로

지금까지 주식 투자를 이해하는 데 필요한 기본적인 용어와 개념들을 살펴보았습니다. 마지막으로, 이러한 지식들을 어떤 관점에서 활용해야 하는지에 대해 논하며 기초 학습을 마무리하고자 합니다. 이동평균선, RSI, 거래량 등의 지표 중 일부는 주식 차트를 분석하여 매매 타이밍을 결정하는 '기술적 분석'의 영역에 속합니다. 이러한 분석 방식은 주로 단기 매매를 목적으로 하는 '단타 트레이딩'에서 자주 사용됩니다.

그러나 기업의 본질적인 가치와 실적에 대한 깊이 있는 분석 없이 오직 기술적 지표에만 의존하는 방식으로는 안정적인 수익을 꾸준히 기대하기 어렵습니다. 장기적인 투자 관점에서는 차트의 단기적인 움직임을 예측하려는 노력보다 기업의 내재가치와 미래 성장 가능성을 평가하는 것이 무엇보다 중요합니다.

개념의 실제 적용: 삼성전자 사례

앞서 배운 용어들이 실제 기업에 어떻게 적용되는지 삼성전자(2022년 기준)를 예로 들어보겠습니다. 삼성전자의 액면가는 100원으로 설정되어 있으며, 상장된 주식 수는 약 59억 주에 달합니다. 이 두 가지 정보를 바탕으로 삼성전자의 자본금을 계산해볼 수 있습니다. '액면가(100원)×상장 주식 수(약 59억 주)'라는 공식을 통해, 자본금이 약 5,900억 원 규모임을 파악할 수 있습니다.

기본 가격 정보를 살펴보면, 현재가는 73,500원이며 전일 대비 500원(0.68%) 상승한 가격입니다. 고가는 74,200원이고 저가는 73,000원

자료: 네이버

입니다. 시가는 73,800원이었습니다. 거래량은 약 1,170만 주이고 거래대금은 약 8,613억입니다. 거래량이 많아지면 시장의 관심과 에너지가 커진다는 의미이므로, 가격과 거래량을 함께 해석하는 것이 중요합니다.

차트의 흐름을 살펴보겠습니다. 캔들의 색깔로 상승 및 하락 여부를 확인할 수 있습니다. 최근 흐름은 하락 추세 이후 단기 반등 시도 중으로 보입니다. 이동평균선을 살펴보겠습니다. 현재 차트에서 캔들이 모두 이평선 아래입니다. 추세적으로는 약세라는 의미입니다. 단기 반등은 가능하지만 전체 흐름은 아직 약세라는 점을 유추할 수 있습니다.

삼성전자의 차트를 보면 추세는 하락이었으나 단기 반등 중이며, 거래량이 붙으면 의미 있는 반등도 가능할 것이라고 예측할 수 있습니다. 하지만 실패한다면 재차 하락할 가능성도 있습니다. 차트를 공부할 때 반드시 기억해야 하는 세 가지 사항이 있습니다. 첫째는 가격만 보지 말고 '위치'를 보아야 합니다. 현재가 73,500원이 싼지 비싼지가 아니라, 이 가격이 최근 흐름에서 어떤 자리를 차지하는지 아는 것이 더욱 중요합니다.

둘째로 이동평균선은 심리의 흔적이기도 하다는 사실을 알아야 합니다. 이는 단순한 선이 아니라 사람들의 평균 매입 단가이기 때문입니다. 마지막으로 추세와 거래량이 가격을 이긴다는 사실입니다. 가격은 눈에 보이는 숫자일 뿐 거래량과 추세는 속이지 않습니다. 이 말을 좀 더 자세히 설명하자면, 가격은 단기 변동이나 감정, 뉴스, 세력

매집에 따라 얼마든지 바뀔 수 있습니다. 상승 돌파한 것처럼 보였다가 다시 빠지는 '페이크아웃'으로 많은 초보 투자자들이 피해를 입기도 합니다. 하지만 돈이 실제로 얼마나 들어왔는지 보여주는 거래량은 숨기거나 위조할 수 없습니다. 거래량이 늘지 않는 상승은 가짜 상승일 가능성이 매우 큽니다.

따라서 추세는 일회성 변동이 아니라 방향성입니다. 캔들 하나보다 이동평균선의 기울기가 더 중요하다는 의미입니다. 즉 차트를 제대로 보려면 '봉'보다는 그래프가 나타내는 흐름, 즉 '맥'을 보아야 합니다.

2장

미주부 템플릿으로 완성하는 실전 가이드

ETF, 포트폴리오, 가치 평가까지 투자 근육을 키우는 3단계 훈련법

주식을 처음 시작한다면 ETF부터!

　　주식 투자를 처음 시작하는 투자자에게 가장 먼저 추천할 수 있는 상품을 꼽으라면 단연 'ETF(상장지수펀드)'입니다. ETF는 여러 자산에 분산 투자함으로써 개별 종목에 직접 투자할 때보다 리스크가 낮고, 운용 방식이 비교적 간단하여 초보자도 쉽게 접근할 수 있다는 장점이 있습니다. 2장에서는 ETF의 정확한 개념은 무엇이며 개별 주식 투자와는 어떤 차이점이 있는지, 그리고 좋은 ETF를 선택하기 위해 반드시 확인해야 할 요소는 무엇인지 상세히 알아보겠습니다.

ETF(상장지수펀드)의 정의와 핵심

ETF는 'Exchange Traded Fund'의 약자로, 우리말로는 '상장지수펀드'라고 불립니다. 말 그대로 특정 지수의 움직임에 따라 수익률이 결정되도록 주식, 채권, 원자재 등 다양한 자산을 한데 묶어 하나의 상품으로 만든 뒤, 개별 주식처럼 증권 시장에서 자유롭게 거래할 수 있도록 만든 금융 상품입니다.

ETF의 가장 큰 매력은 단 한 주를 매수하는 것만으로도 해당 상품이 담고 있는 여러 종목에 분산 투자하는 효과를 얻을 수 있다는 점입니다. 예를 들어 전기차 산업에 투자하는 ETF 한 주를 매수했다면 이는 테슬라, LG에너지솔루션, 삼성SDI, 그리고 BYD와 같은 전 세계 주요 전기차 및 배터리 관련 기업들의 주식을 한 번에 사들인 것과 같은 효과를 가집니다. 이러한 특징 때문에 ETF는 종종 '펀드(Mutual Fund)'와 비교되곤 합니다. 실제로 ETF는 펀드와 유사한 개념을 공유하지만, 운용 방식과 거래 형태 등에서 중요한 차이점을 가지고 있습니다.

ETF는 펀드와 유사하면서도 몇 가지 차이점이 있습니다. 가장 큰 특징은 시장에 상장된 주식처럼 실시간으로 자유롭게 사고팔 수 있다는 점입니다. 이 덕분에 거래 비용이 상대적으로 낮고 유동성, 즉 현금으로 전환하기가 쉽다는 장점이 있습니다. 반면 일반적인 뮤추얼 펀드는 펀드 매니저가 직접 종목을 선정하고 운용하기에 운용 보수 등 비용이 높고, 환매에 시간이 걸려 유동성이 상대적으로 떨어지는 경향이 있습니다.

뮤추얼 펀드와 ETF 비교

구분	ETF	펀드(뮤추얼 펀드)
시장 거래 가능 여부	가능 (주식처럼 실시간 거래)	불가능 (하루 한 번 설정된 가격으로 거래)
거래 비용	낮음 (~0.99%)	높음 (1%~3% + 환매 수수료)
운용 방식	패시브(수동) 운용이 많음	액티브(능동) 운용이 많음
유동성	높음 (언제든지 매매 가능)	낮음 (출금에 시간 소요 가능)

 ETF의 개념을 더 쉽게 이해하기 위해 과일 가게의 사례를 들어보겠습니다. 과일 가게에서 먹고 싶은 사과, 딸기, 체리를 각각 따로 구매하려면 비용이 부담스러울 수 있습니다. 하지만 가게 주인이 고객의 필요를 파악하여 이 과일들을 보기 좋게 담아 묶음 세트로 판매한다

사과, 딸기, 체리를 묶음으로 산다면?

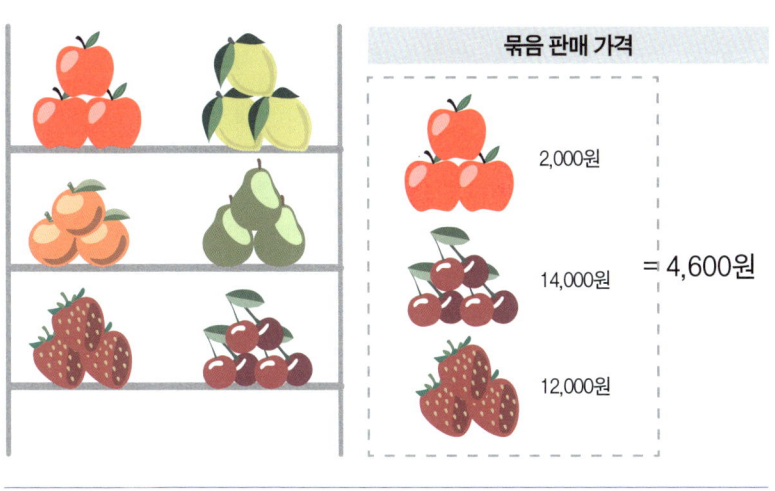

묶음 판매 가격

2,000원

14,000원

12,000원

= 4,600원

면 어떨까요? 고객은 한 번의 구매로 다양한 과일을 보다 저렴한 가격에 맛볼 수 있습니다.

애플, 아마존, 구글 묶음 ETF

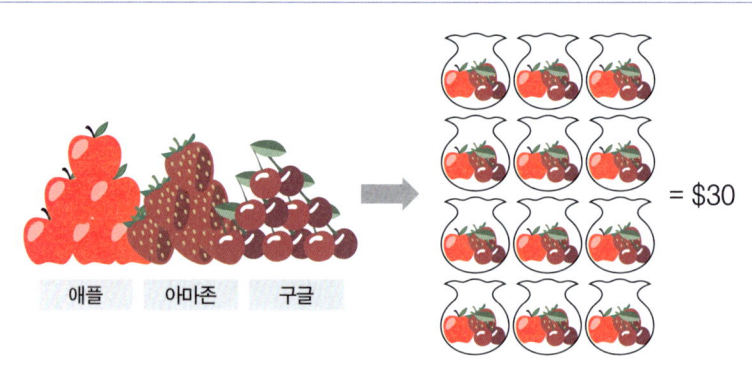

ETF는 '과일 묶음 세트'와 같은 원리입니다. 투자자가 애플, 마이크로소프트, 테슬라, 아마존과 같은 개별 주식(개별 과일)을 하나씩 직접 사려면 많은 비용과 노력이 들지만, 이 기업들을 포함하는 S&P 500 ETF(과일 묶음 세트) 한 주를 매수하면 단 한 번의 거래로 500개의 우량 기업에 저렴하게 투자하는 효과를 얻게 됩니다.

투자 방식의 차이: 심층 분석이냐, 시장의 흐름이냐

이러한 특징 때문에 ETF에 투자하는 것과 개별 종목에 직접 투자하는 것은 접근 방식에서부터 큰 차이를 보입니다. 개별 종목에 직접 투자하기 위해서는 한 기업에 대한 매우 깊이 있는 분석이 선행되어야 합니다. 투자자는 해당 기업의 매출 구조와 시장 점유율, 재무 상태를 꼼꼼히 분석해야 하며 미래의 매출과 이익 성장성을 예측할 수 있어야 합니다. 또한 현재 주가가 기업의 본질 가치에 비해 고평가 혹은 저평가 상태인지 판단하고, 분기별 실적 발표와 관련 뉴스를 지속적으로 추적하며, 임원진의 내부자 거래나 주요 경영 리스크까지 확인하는 노력이 필요합니다.

반면 ETF 투자는 이러한 부담을 크게 덜어줍니다. 여러 종목에 자동으로 분산 투자하는 효과가 있어 개별 기업의 리스크를 줄일 수 있으며, 특정 기업에 대한 심층 분석 대신 전체적인 시장이나 산업의 흐름을 이해하면 투자가 가능합니다. 이러한 특징 덕분에 ETF는 주식 투자를 처음 시작하는 분들도 비교적 쉽게 접근할 수 있습니다.

좋은 ETF를 고르는 5가지 핵심 기준

ETF에 투자할 때는 단순히 이름이 익숙하다거나 과거 수익률이 높다는 이유만으로 섣불리 선택해서는 안 됩니다. 수많은 ETF 상품 중에서 안정적이고 효율적인 투자를 위해서 다음과 같은 다섯 가지 핵심 요소를 반드시 점검하는 과정이 필요합니다.

1) 운용 자산 규모(AUM)

운용 자산 규모(AUM; Assets Under Management)는 ETF의 안정성과 직결되는 가장 기본적인 지표입니다. 규모가 클수록 안정적인 운용이 가능하며, 이는 투자자들이 원활하게 주식을 사고팔 수 있는 풍부한 유동성으로 이어집니다. 일반적으로 운용 자산 규모가 최소 10억 달러, 우리 돈으로 약 1조 원 이상인 ETF를 선택하는 것이 바람직합니다. 규모가 지나치게 작은 ETF는 거래량이 적어 유동성이 부족하고, 투자자에게 불리한 가격으로 매매가 체결될 가능성이 높습니다.

2) 하루 평균 거래량

하루 평균 거래량은 내가 원할 때 얼마나 쉽게 ETF를 사고팔 수 있는지를 결정하는 중요한 요소입니다. 거래량이 많을수록 매매가 원활하게 이루어질 뿐만 아니라, 매수 가격과 매도 가격의 차이인 스프레드가 줄어들어 투자자에게 유리한 조건으로 거래가 가능합니다. 하루 평균 거래량이 최소 10만 주 이상인 ETF를 선택하는 것이 좋으며, 거래량이 너무 적으면 원하는 시점과 가격에 매도하기 어려울 수 있다는 점을 유의해야 합니다.

3) 운용 기간(Track Record)

ETF의 운용 기간은 해당 상품이 시장에서 얼마나 오랫동안 검증받았는지를 보여주는 척도입니다. 운용 기간이 길다는 것은 그만큼 시장의 다양한 국면을 거치며 살아남았다는 의미이며, 운용 전략이 안정적으로 작동하고 있음을 시사합니다. 반면 운용 기간이 짧은 신생 ETF는 전략이 아직 시장에서 제대로 정착되지 않았거나, 투자자들의 신뢰를 충분히 얻지 못했을 수 있습니다. 따라서 안정적인 투자를 위해서는 최소 5년 이상 운용된 ETF를 선택하는 것이 유리합니다.

4) 보유 종목 구성과 분산 수준

ETF가 구체적으로 어떤 종목들을 담고 있는지는 투자의 성패를 가를 수 있으므로 반드시 확인해야 합니다. ETF마다 특정 산업이나 테마를 기반으로 포트폴리오를 구성하는데, 이때 보유 종목의 수가 많을수록 분산 투자 효과가 커집니다. 일반적으로 최소 30개에서 50개 이상의 종목을 포함하는 ETF가 특정 기업이나 산업의 리스크로부터 비교적 자유로워 안정적인 수익을 기대할 수 있습니다. 보유 종목이 지나치게 소수에 집중되어 있다면 그만큼 리스크에 취약할 수밖에 없으므로, 투자 대상의 다양성을 반드시 고려해야 합니다.

5) 운용사의 신뢰성과 규모

ETF는 결국 금융기관이 만들어 운용하는 상품이므로, 운용사의 신뢰성과 규모가 매우 중요합니다. 세계적으로 신뢰받는 대형 자산 운용사의 상품을 선택하는 것이 장기적인 안정성 확보에 유리합니다. 규모가 작은 운용사의 ETF는 시장 상황이나 운용 성과에 따라 예기치 않게 상품이 (상장) 폐지될 위험이 있으므로, 가급적 검증된 대형 운용사의 상품을 선택하는 것이 현명합니다.

주요 글로벌 ETF 운용사 비교

운용사	운용 자산 규모	대표 ETF	특징
BlackRock (블랙록)	약 10.5조 달러 (약 1경 3,800조 원)	SPY, IVV, LQD, EEM 등	세계 최대 자산 운용사인 iShares 브랜드로 다양한 ETF 제공
Vanguard (뱅가드)	약 8.8조 달러 (약 1경 1,600조 원)	VOO, VTI, BND, VXUS 등	저비용 패시브 투자 전략의 선구자, 장기 투자자들에게 인기
State Street (스테이트 스트리트)	약 4.2조 달러 (약 5,500조 원)	SPY, GLD, DIA 등	최초의 ETF(SPY) 출시, 미국 및 글로벌 시장 ETF 강점
Invesco (인베스코)	약 1.6조 달러 (약 2,100조 원)	QQQ, IVZ, BKLN 등	기술주 중심 ETF(QQQ) 강점, 다양한 스마트 베타 ETF 보유
Charles Schwab (찰스 슈왑)	약 8,300억 달러 (약 1,090조 원)	SCHD, SCHX, SCHB 등	저비용 ETF 제공, 미국 내 개인 투자자들에게 인기

(참고: 운용 자산 규모(AUM)는 2024년 기준이며, 변동될 수 있음.)

ETF 시장을 이해하기 위해서는 이를 운용하는 주요 자산 운용사들의 특징을 알아두는 것이 좋습니다. 세계 최대 운용사인 블랙록 (BlackRock)은 'iShares'라는 대표적인 ETF 브랜드를 통해 시장을 선도하고 있으며, 뱅가드(Vanguard) 역시 거대한 자산 규모를 바탕으로 저

비용 패시브 투자 전략의 대명사로 알려져 있습니다. 또한, 세계 최초의 ETF인 'SPY'를 출시한 '스테이트 스트리트(State Street)'는 역사적인 의미가 깊고, '인베스코(Invesco)'는 기술주 중심의 대표 ETF인 'QQQ'로 잘 알려져 있습니다. '찰스 슈왑(Charles Schwab)'은 특히 저렴한 수수료의 ETF를 다수 제공하여 미국 개인 투자자들 사이에서 높은 인기를 누리고 있습니다. 투자자는 이처럼 각 운용사의 강점과 특징을 이해하고, 자신의 투자 목표와 전략에 맞는 ETF를 선택하는 것이 중요합니다.

신뢰할 수 있는 ETF 정보 확인 사이트

좋은 ETF를 선택하기 위해서는 어떤 기준으로 상품을 골라야 하는지 아는 것뿐만 아니라 어떤 운용사가 상품을 만들었는지, 그리고 필요한 정보는 어디서 찾아야 하는지를 파악하는 것이 중요합니다. 성공적인 ETF 투자를 위해서는 감이나 소문이 아닌 신뢰할 수 있는 데이터에 기반한 철저한 분석이 선행되어야 합니다. 다행히 투자자들이 전문적인 정보를 얻을 수 있는 유용한 사이트들이 있으며, 대표적으로 '시킹 알파(Seeking Alpha)'와 'ETFDB.com' 등이 있습니다.

이러한 사이트들을 통해 투자자는 ETF의 운용 자산 규모(AUM), 일일 거래량, 수수료(Expense Ratio), 운용 시작일(Inception Date), 그리고 가장 중요한 보유 종목 구성(Holdings)과 각 종목의 비중까지 상세하게 확인할 수 있습니다. 예를 들어 전기차 및 2차전지 관련 ETF인 'LIT'의 운용 자산 규모가 궁금하다면, 시킹 알파에서 LIT를 검색하여 AUM 항목을 즉시 조회할 수 있습니다. 또한, 'Historical Prices' 메뉴를 통해 일일 거래량을 확인하며 유동성이 충분한지 분석할 수 있습니다. 만약 특정 ETF가 어떤 종목들을 담고 있는지 확인하고 싶다면 ETFDB.com에서 해당 ETF를 검색한 뒤 'Holdings' 클릭해보십시오. 그러면 상위 보유 종목 리스트와 투자 비중을 한눈에 파악할 수 있습니다. ETF는 주식 초보자들이 비교적 안전하게 투자할 수 있는 좋은 방법입니다. 다만, ETF를 선택할 때도 운용 규모, 거래량, 보유 종목, 운용 기간, 운용사를 꼼꼼히 확인해야 합니다.

ETF 체크리스트

- 자산 운용 규모 $1B(10억 달러) 이상
- 하루 거래량 10만 주 이상
- 운용 기간 5년 이상
- 보유 종목 최소 30개 이상
- 대형 운용사의 ETF 선택

ETF 유형과
선택 방법

ETF는 개별 주식보다 뛰어난 분산투자 효과를 제공하며 특정 지수나 섹터, 테마를 추종하는 방식으로 운용됩니다. ETF를 활용하면 손쉽게 다양한 자산에 투자할 수 있으며, 수수료가 낮고 거래가 편리하다는 장점이 있습니다. 앞서 ETF의 장점과 투자 필요성, 그리고 좋은 ETF를 선택하는 기준에 대해 살펴보았습니다. 이번에는 ETF의 유형을 더욱 세부적으로 분석하고, 이를 바탕으로 한 효과적인 투자 전략까지 심층적으로 다루어보겠습니다.

ETF 유형

지수형 ETF →	S&P 500, NASDAQ, DOWJONES 지수와 동일하게 움직이는 ETF	SPY(S&P 500), QQQ(NASDAQ), DIA(DOWJONES)
섹터형 ETF →	미국 11개 섹터별로 구분(기술주, 필수소비재, 에너지, 헬스케어 등)	XLK(기술주), XLP(필수소비재), XLE(에너지) 등
테마형 ETF →	전기차, 2차전지, 인공지능, 클라우드 등의 산업에 투자하는 ETF	UT(2차전지), SKYY(클라우드), BOTZ(인공지능) 등
채권 ETF →	미국 장기채권 / 단기채권 등에 투자하는 ETF	TLT(장기채권), IEF(중기채권), SHY(단기채권) 등
배당형 ETF →	고배당 또는 배당금을 꾸준히 성장시켜주는 종목에 투자하는 ETF	QMLD(고배당), VIG(배당성장), SCHD(배당성장) 등
원자재 ETF →	원유, 금, 은, 구리, 목재 등의 원자재에 투자하는 ETF	GLD(금), SLV(은), CDPX(구리), UCO(원유) 등
파생상품 ETF →	시장 지수의 움직임에 따라 정방향, 혹은 역방향 2배, 3배로 움직임	QLD(나스닥 2배), TQQQ(나스닥 3배), SSO(S&P 500 2배), UPRO(S&P 500 3배) 등

ETF의 유형 (1): 지수형 ETF

가장 대표적인 ETF 유형은 '지수형 ETF'로, S&P 500, 나스닥, 다우존스와 같은 주요 주가 지수의 움직임을 그대로 따라가도록 설계된 상품입니다. 지수형 ETF 투자는 개별 기업의 실적에 투자하기보다 미국 경제 전체의 장기적인 성장에 투자하는 것과 같습니다.

대표적인 상품으로는 S&P 500 지수를 추종하는 'SPY', 나스닥 100 지수를 따르는 'QQQ', 그리고 다우존스 산업평균지수를 추종하는

'DIA' 등이 있습니다. 투자의 대가 워런 버핏(Warren Buffett)이 "내가 죽으면 전 재산의 95%를 S&P 500 ETF(SPY)에 투자하라"라고 조언 했을 만큼, 장기 투자자에게 안정적인 수익을 기대하게 하는 가장 기 본적인 투자 방식입니다.

ETF의 유형 (2): 섹터형 ETF

다음으로 '섹터형 ETF'는 미국 주식 시장을 구성하는 총 11개의 특 정 산업 분야, 즉 섹터에 집중적으로 투자하는 상품입니다. 예를 들 어 기술주 섹터에는 XLK, 필수소비재 섹터에는 XLP, 에너지 섹터에는 XLE, 헬스케어 섹터에는 XLV, 그리고 유틸리티 섹터에는 XLU와 같은 대표적인 ETF가 존재합니다.

만약 기술주 강세가 예상될 때 XLK에 투자한다면 애플, 마이크로 소프트, 엔비디아, 비자, 마스터카드, 어도비와 같은 해당 섹터의 주요 기업들에 동시에 투자하는 효과를 가집니다. 각 섹터별 ETF의 종류와 그 안에 포함된 주요 종목 구성은 SectorSPDR.com과 같은 전문 정보 사이트에서 쉽게 확인할 수 있습니다.

ETF의 유형 (3): 테마형 ETF

'테마형 ETF'는 4차 산업혁명과 같이 특정 산업이나 메가트렌드에 집중적으로 투자하는 상품입니다. 대표적으로 2차전지 산업에 투자하는 'LIT', 클라우드 컴퓨팅 관련 기업을 모아놓은 'SKYY', 그리고 인공지능 및 로봇 기업에 투자하는 'BOTZ' 등이 있습니다. 예를 들어 LIT는 테슬라, CATL, 앨버말과 같은 전기차 및 배터리 핵심 기업들을 포트폴리오에 담고 있습니다. 이처럼 미래 성장 가능성이 높은 테마형 ETF를 선택할 때는, '미주부 템플릿'과 같은 분석 틀을 활용하여 과거 수익률과 시장 대비 성과를 꼼꼼히 따져보는 것이 좋습니다.

ETF의 유형 (4): 채권형 ETF

'채권형 ETF'는 주식 시장보다 안정적인 수익을 추구하는 투자자들에게 적합한 상품입니다. 대표적인 상품으로는 만기가 긴 미국 장기 국채에 투자하는 'TLT', 중기 국채를 담는 'IEF', 그리고 단기 국채에 투자하는 'SHY'가 있습니다. 일반적으로 경기 침체 우려가 커지는 구간에서는 주식보다 안전자산인 중기 또는 단기 국채 ETF가 상대적으로 안정적인 수익률을 보일 가능성이 높습니다.

ETF의 유형 (5): 배당형 ETF

'배당형 ETF'는 배당을 꾸준히 지급하거나 앞으로 배당 성장이 기대되는 기업들에 집중적으로 투자하는 상품입니다. 높은 배당률 자체에 초점을 맞춘 'QYLD'와 같은 고배당 ETF가 있으며, 장기적인 배당 성장을 추구하는 'VIG'나 'SCHD' 같은 배당 성장 ETF도 있습니다. 특히 배당 성장형 ETF는 지급받은 배당금을 재투자하여 장기적으로 복리 효과를 극대화하는 전략에 적합합니다.

ETF의 유형 (6): 원자재 ETF

마지막으로 '원자재 ETF'는 금, 은, 원유, 구리 등 실물 원자재의 가격 변동에 투자하는 상품입니다. 금에 투자하는 'GLD', 은에 투자하는 'SLV', 구리 관련 기업을 담은 'COPX', 원유 가격을 추종하는 'UCO' 등이 있으며, 여러 원자재를 한 번에 담은 종합 원자재 ETF인 'DBC'도 있습니다. 이러한 원자재 ETF는 일반적으로 인플레이션이 심화되는 시기에 화폐 가치 하락을 방어하는 수단으로 주목받으며 강세를 보이는 경향이 있습니다.

ETF의 유형 (7): 파생상품 ETF

'파생상품 ETF'는 시장 지수의 일일 변동성을 2배에서 3배까지 추종하도록 설계된 고위험·고수익 상품입니다. 대표적으로 나스닥 지수의 2배를 추종하는 'QLD'와 3배를 추종하는 'TQQQ'가 있으며, S&P 500 지수의 2배와 3배를 따르는 'SSO'와 'UPRO'도 있습니다. 이러한 상품들은 매우 높은 변동성을 가지므로 장기 투자보다는 시장의 단기적인 방향성에 대한 확신이 있을 때 트레이딩 목적으로만 신중하게 사용해야 합니다.

'미주부 템플릿'을 활용한 실전 분석

다양한 ETF 중에서 자신의 전략에 맞는 상품을 효과적으로 분석하기 위해 여러 가지 형태의 템플릿을 만들어 활용하면 매우 유용합니다. '섹터별 자산 수익률 템플릿'은 산업의 전반적인 흐름을 파악할 수 있도록 만든 것으로, 미국의 11개 섹터와 채권(회사채, 장기 국채) ETF의 수익률과 모멘텀 점수를 계산해줍니다. 시작일(빨간색 박스)과 종료일(파란색 박스)을 설정하면 시작일 기준으로 모멘텀 순위(초록색 박스)가 계산됩니다. 모멘텀 순위는 뒤에서 다루게 될 VAA 자산 배분 전략에서 사용되는 방법으로, 모멘텀 점수가 높은 자산이 상승 추세에 있다고 이해하면 됩니다.

섹터별 자산 수익률 템플릿

날짜 지정	2025. 8. 1	2025. 8. 19					

				1개월 수익률	3개월 수익률	6개월 수익률	12개월 수익률	날짜지정 수익률	
시장수익률		순위	모멘텀점수	2025. 6. 30	2025. 4. 30	2025. 1. 31	2024. 7. 31	종료일 수익률	종료일 주가
SPY	S&P500	2	75.46%	0.63%	12.11%	3.31%	12.87%	2.91%	$639.81
QQQ	나스닥	1	100.51%	0.41%	16.49%	6.05%	17.58%	2.78%	$569.28
DIA	다우존스	3	17.82%	-1.12%	7.23%	-2.17%	6.67%	3.11%	$449.29

				1개월 수익률	3개월 수익률	6개월 수익률	12개월 수익률	날짜지정 수익률	
Ticker	종목설명	순위	모멘텀점수	2025. 6. 30	2025. 4. 30	2025. 1. 31	2024. 7. 31	종료일 수익률	종료일 주가
XLK	IT	1	1.48	1.52%	22.43%	11.38%	17.49%	1.77%	$261.62
XLU	유틸리티	2	1.34	5.07%	8.75%	10.17%	17.87%	0.33%	$86.08
XLI	공업	3	1.08	1.50%	14.11%	8.23%	17.11%	1.08%	$151.36
XLC	커뮤니케이션	4	0.49	-2.22%	11.19%	3.65%	23.70%	3.83%	$110.18
XLY	임의소비재	5	0.33	-0.57%	9.55%	-6.93%	15.25%	6.37%	$229.85
XLE	에너지	6	0.23	0.92%	6.32%	-2.34%	-8.18%	-0.60%	$85.08
XLF	금융	7	0.17	-1.85%	5.41%	-0.14%	17.51%	2.33%	$52.60
LQD	회사채	8	0.10	0.02%	1.53%	2.02%	0.06%	0.07%	$109.71
IEF	중기국채	9	0.03	-0.09%	-0.41%	2.86%	-0.41%	-0.31%	$95.38
XLRE	부동산	10	-0.04	-0.31%	-0.02%	-0.31%	0.24%	0.92%	$41.67
XLB	소재	11	-0.12	-1.24%	3.37%	-2.33%	-5.88%	3.84%	$90.05
XLP	필수소비재	12	-0.14	-1.00%	-2.04%	1.49%	2.97%	3.23%	$82.75
TLT	장기국채	13	-0.20	-0.49%	-1.84%	0.07%	-7.37%	-1.33%	$86.65
XLV	헬스케어	14	-0.93	-2.72%	-6.65%	-10.72%	-12.36%	4.29%	$136.76

템플릿에서 종료일 수익률(보라색 박스)은 시작일과 종료일로 지정한 기간 동안의 수익률을 의미합니다. 이러한 방법으로 모멘텀 점수가 높은 자산군이 실제로도 수익률이 좋았는지 백테스트를 해볼 수 있습니다. 만일 모멘텀 점수가 높은 상위 5개 종목에 투자한다는 규칙을 정했다면 포트폴리오 리밸런싱 주기를 월 1회 혹은 분기 1회 정도로 정해놓고, 해당 날짜의 시작일 기준으로 어떤 자산의 모멘텀 점수가 높은지 확인해서 투자 비중을 결정할 수 있습니다. 이 분석은 여러 가지 템플릿을 활용하여 전체적인 포트폴리오 전략을 만들기 위해 기본 개념만 설명한 것입니다. 직접 템플릿을 다운받아서 시작일과 종료일

을 설정해보면서 과거 특정 기간을 지정하여 활용해보시기 바랍니다.

예를 들면, 2020년 코로나 시기의 하락장에 어떤 자산의 모멘텀 점수가 좋았고, 기간 수익률이 좋았는지 테스트해보면 하락장에서 어떤 자산에 투자하면 방어가 잘 되는지 알 수 있습니다. 이 템플릿은 '난도 하' 수준의 템플릿으로 시장의 지수와 섹터, 채권의 흐름을 파악할 수 있도록 만든 것이므로 이런 템플릿이 있다는 정도만 이해하고 넘어가면 됩니다.

현명한 ETF 투자를 위한 제언

ETF는 단순히 '지수 추종 상품'이 아닙니다. 시장 지수뿐 아니라 섹터, 산업, 테마, 국가, 채권, 원자재, 심지어 변동성이나 인플레이션 같은 경제 변수까지 세분화된 ETF가 존재합니다. 이처럼 선택지가 무궁무진해졌다는 것은 곧 투자자가 그만큼 더 정밀하게 포지셔닝할 수 있는 시대가 되었다는 뜻이기도 합니다.

그러나 다양한 ETF가 존재한다고 해서 아무거나 골라도 된다는 뜻은 아닙니다. 지금이 경기 확장기인지, 둔화 국면인지, 금리 인상기인지, 위험 회피 국면인지에 따라 적절한 ETF는 완전히 달라질 수 있습니다. 결국 ETF 투자는 단순한 분산이 아니라 현재의 경제 사이클과 시장 환경을 읽고 그 흐름에 맞춰 전략적으로 선택하는 판단력의 싸움입니다.

그렇기 때문에 우리는 감정과 뉴스에 휘둘리지 않고 데이터와 구조를 기반으로 ETF를 비교 분석하는 훈련이 필요합니다. 앞으로 소개할 템플릿을 활용하면 시장 흐름과 자산별 성과를 직관적으로 정리할 수 있고, 자연스럽게 감정이 아닌 근거에 기반한 투자 루틴을 갖출 수 있습니다. ETF라는 도구와 템플릿이라는 시스템이 결합될 때, 매번 새롭게 고민하지 않아도 되는 재현 가능한 투자 전략을 만들 수 있습니다. 투자 실력은 일회성 영감이 아니라 반복 가능한 프로세스를 확보하는 데서 완성되기 때문입니다.

좌측의 QR 코드는 미주부 템플릿을 소개하는 영상의 링크입니다. 영상의 설명글에 제가 만든 15종 템플릿의 링크를 제공하고 있으며, 부록에서 제공하는 무료 체험권을 통해 다운받으실 수 있습니다. 구글 크롬에서 사용하는 것을 추천하며, 구글 크롬 상단 메뉴의 '파일 → 사본 만들기'로 저장 후 사용할 수 있습니다. 엑셀이 아닌 구글 시트로 작업되었으며, 구글 크롬을 통해 다운받으시기 바랍니다.

혁신의 시대는
투자의 기회

저는 2020년부터 유튜브를 통해 4차 산업혁명을 주도할 기업들을 발굴하여 종목을 분석하고 공부하는 영상을 공유해오고 있습니다. 4차 산업혁명은 이미 우리 생활 깊숙히 자리 잡고 있습니다. 전기차, 2차전지, 인공지능, 클라우드, 자율주행, 로봇 등 다양한 분야의 혁신 산업들은 앞으로 더욱 높은 성장 가능성을 품고 있으며, 장기 투자 관점에서 반드시 주목해야 할 영역입니다. 다만 이러한 신흥 산업의 개별 종목 투자는 높은 변동성과 리스크를 동반하므로 ETF를 활용하여 특정 산업 전체에 분산 투자하는 것이 효과적입니다. 이번 장에서는 4차 산업혁명을 주도하는 핵심 테마별 ETF와 엑셀 템플릿을 활용한 분석 방법에 대해 알아보겠습니다.

4차 산업혁명의 핵심 테마와 관련 ETF

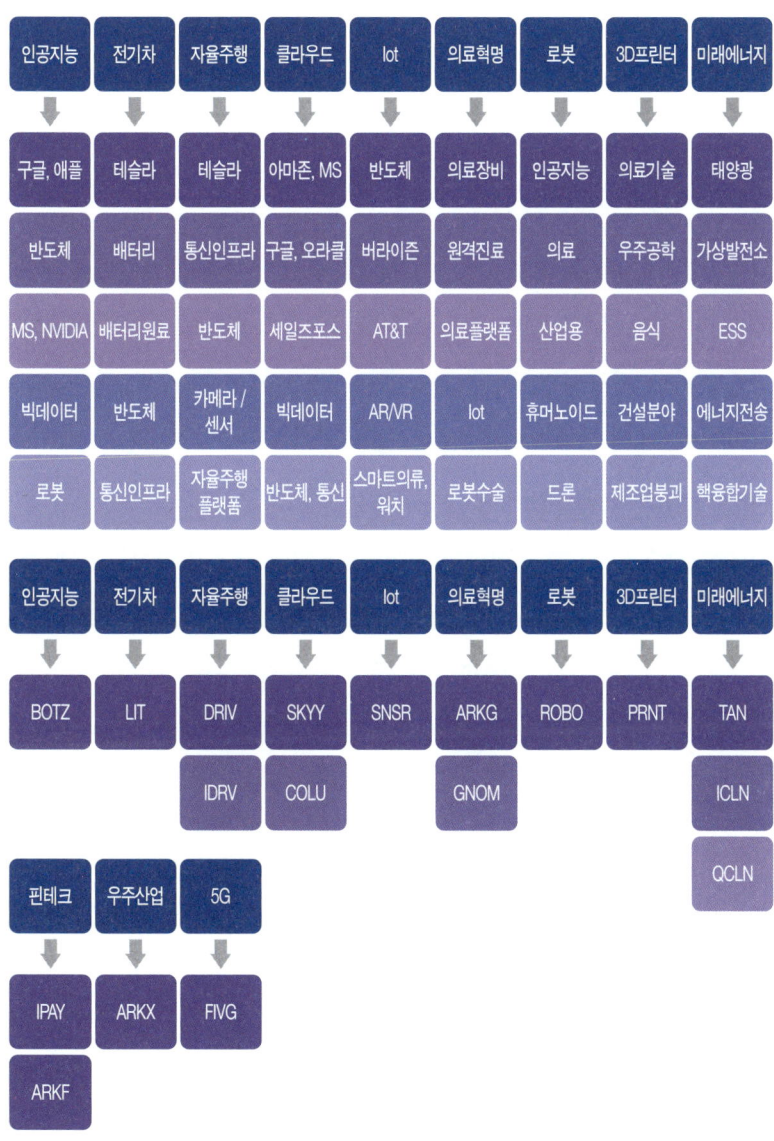

인공지능	전기차	자율주행	클라우드	Iot	의료혁명	로봇	3D프린터	미래에너지
구글, 애플	테슬라	테슬라	아마존, MS	반도체	의료장비	인공지능	의료기술	태양광
반도체	배터리	통신인프라	구글, 오라클	버라이즌	원격진료	의료	우주공학	가상발전소
MS, NVIDIA	배터리원료	반도체	세일즈포스	AT&T	의료플랫폼	산업용	음식	ESS
빅데이터	반도체	카메라 / 센서	빅데이터	AR/VR	Iot	휴머노이드	건설분야	에너지전송
로봇	통신인프라	자율주행 플랫폼	반도체, 통신	스마트의류, 워치	로봇수술	드론	제조업붕괴	핵융합기술

인공지능	전기차	자율주행	클라우드	Iot	의료혁명	로봇	3D프린터	미래에너지
BOTZ	LIT	DRIV	SKYY	SNSR	ARKG	ROBO	PRNT	TAN
		IDRV	COLU		GNOM			ICLN
								QCLN

핀테크	우주산업	5G
IPAY	ARKX	FIVG
ARKF		

4차 산업혁명을 이끄는 주요 산업을 여섯 가지 핵심 키워드로 나누어, 각 분야의 특징과 관련 ETF를 살펴보겠습니다.

1. 인공지능(AI)

인공지능(AI)은 4차 산업혁명의 두뇌와 같습니다. 구글, 애플, 마이크로소프트가 기술 개발을 주도하고, AI 연산에 필수적인 GPU를 공급하는 엔비디아가 핵심적인 역할을 합니다. 특히 2023년부터 생성형 AI 붐이 일어나면서, AI+반도체+클라우드+전력 수요 관련주들이 크게 상승하기도 했습니다. 이처럼 인공지능은 앞으로 반도체, 빅데이터, 클라우드, 에너지 등 산업의 동반 성장을 이끌 것으로 예상됩니다. 하지만 개별 종목에 투자하는 것은 많은 공부를 해야 하고 투자 리스크가 상대적으로 클 수 있습니다. 따라서 관련 ETF에 투자하는 것이 좋은 방법이 될 수 있습니다. 관련 ETF로는 'BOTZ'가 있으며, 로보틱스 및 AI 기술 중심의 상위 10개 종목 비중이 약 60%입니다.

● **BOTZ**(Global X Robotics & Artificial Intelligence ETF)

운용사: Global X

특징: 로보틱스·AI 관련 글로벌 기업에 집중하며 엔비디아, 인튜이티브 서
지컬 등 비중 높음.

2. 전기차 및 배터리

전기차 시장의 폭발적인 성장은 배터리 산업의 중요성을 부각시키

고 있습니다. 테슬라, CATL, LG에너지솔루션과 같은 기업들이 시장을 이끌고 있으며, 리튬, 코발트 등 핵심 원료 공급망 또한 중요해지고 있습니다. 이 분야에는 LIT(리튬 및 배터리)와 같은 ETF로 투자할 수 있습니다.

● **LIT**(Global X Lithium & Battery Tech ETF)

운용사: Global X

특징: 리튬 채굴, 2차전지 제조 기업 등 전기차 밸류체인 전체 투자.

3. 자율주행

자율주행 기술은 미래 교통의 패러다임을 바꿀 분야입니다. 테슬라와 구글의 웨이모가 기술 경쟁을 벌이고 있으며 반도체, 통신 인프라, 센서 기술이 필수적입니다. 향후 특정 기업이 플랫폼을 장악할 가능성이 있으며, 'DRIV'나 'IDRV ETF'를 통해 관련 기업에 투자할 수 있습니다.

● **DRIV**(Global X Autonomous & Electric Vehicles ETF)

운용사: Global X

특징: 자율주행·전기차 하드웨어·소프트웨어 기업에 분산 투자(테슬라, 엔비디아, 애플 포함).

● **IDRV**(iShares Self-Driving EV and Tech ETF)

운용사: BlackRock(iShares)

특징: 자율주행·EV 글로벌 기업으로 중국 BYD, NIO 등도 편입.

4. 클라우드 및 빅데이터

클라우드 기술은 이제 기업 IT 인프라의 핵심으로 자리 잡았으며, 빅데이터 분석과 함께 산업 전반에 걸쳐 필수적인 요소가 되고 있습니다. 아마존(AWS), 마이크로소프트(Azure), 구글(Cloud)이 시장을 지배하고 있으며, 관련 ETF로는 'SKYY'나 'CLOU'가 있습니다.

- **SKYY**(First Trust Cloud Computing ETF)

  운용사: First Trust

  특징: 클라우드 인프라, SaaS, 보안기업 등 클라우드 생태계 전반 투자.

- **CLOU**(Global X Cloud Computing ETF)

  운용사: Global X

  특징: 클라우드 응용 소프트웨어 기업 중심으로 Zoom, Snowflake 등 비중.

5. 사물인터넷(IoT)

사물인터넷(IoT) 기술은 스마트홈, 스마트팩토리, 웨어러블 디바이스 등을 통해 우리 일상에 더욱 깊숙이 자리 잡을 것입니다. 퀄컴, 시스코, 삼성전자와 같은 기업들이 이 분야를 이끌고 있으며 'SNSR ETF'를 통해 관련 산업에 투자할 수 있습니다.

- **SNSR**(Global X Internet of Things ETF)

  운용사: Global X

  특징: 사물인터넷 센서, 반도체, 네트워크 장비 기업 투자.

6. 로봇 및 자동화

로봇 기술은 물류, 제조, 의료 등 다양한 산업에서 혁신을 이끌 것으로 예상됩니다. 보스턴 다이내믹스, ABB, 현대자동차 등이 대표적인 기업이며, 'ROBO'나 'BOTZ'와 같은 ETF를 통해 로봇 및 자동화 기술의 성장에 참여할 수 있습니다.

- **ROBO**(ROBO Global Robotics & Automation ETF)

  운용사: Exchange Traded Concepts

  특징: 글로벌 로보틱스·자동화 핵심 기업 분산 투자함. 산업용 로봇, 물류 자동화 중심.

7. 의료 혁명

의료 혁명은 유전자 분석, 정밀 의학, 생명공학을 통해 인간 수명을 연장하고 삶의 질을 개선하는 산업입니다. CRISPR 유전자 편집, 세포 치료제, 맞춤형 의약품 등 혁신 기술이 발전하며 새로운 패러다임을 열고 있습니다. 일루미나(유전체 분석), 크리스퍼 테라퓨틱스(유전자 편집), 모더나(mRNA 기술) 등이 대표 기업입니다. 이 분야는 바이오 기술 특성상 고위험·고수익 구조이므로 분산투자가 중요합니다. 관련 ETF

로는 'ARKG'와 'GNOM'이 있습니다.

- **ARKG**(ARK Genomic Revolution ETF)

  운용사: ARK Invest

  특징: 유전자 편집, 맞춤형 의료, 혁신적 바이오 기술 기업 집중.

- **GNOM**(Global X Genomics & Biotechnology ETF)

  운용사: Global X

  특징: 유전체 분석, 바이오 기술 기업 투자.

8. 3D프린팅

3D프린팅은 제조업의 판도를 바꾸는 기술입니다. 기존의 대량 생산 방식을 넘어 맞춤형·소량 생산이 가능하며, 항공우주·의료·자동차 분야에서 활용도가 커지고 있습니다. 예를 들어 보잉은 항공기 부품에, 스트라타시스는 의료용 보형물에 3D프린팅을 활용합니다. 성장성이 크지만 아직 산업 성숙 단계 전이라 변동성이 클 수 있습니다. 대표 ETF는 'PRNT'입니다.

- **PRNT**(The 3D Printing ETF)

  운용사: ARK Invest

  특징: 3D프린팅 및 적층 제조 관련 글로벌 기업 집중.

9. 미래 에너지

지속 가능한 발전을 위해 태양광, 풍력, 수소, 전력 저장 기술이 각광받고 있습니다. 미국과 유럽은 탄소 중립(Net Zero) 목표를 강화하면서 청정 에너지 투자 확대가 불가피합니다. 테슬라(전기차·에너지 저장), 퍼스트솔라(태양광), 넥스트에라 에너지(풍력) 등이 대표 기업입니다. 재생에너지는 장기 성장성이 높아 분산투자 ETF 활용이 유리합니다.

- **TAN**(Invesco Solar ETF)

  운용사: Invesco

  특징: 글로벌 태양광 발전 기업 중심.

- **ICLN**(iShares Global Clean Energy ETF)

  운용사: BlackRock(iShares)

  특징: 글로벌 청정에너지 기업에 광범위 투자.

- **QCLN**(First Trust NASDAQ Clean Edge Green Energy ETF)

  운용사: First Trust

  특징: 청정에너지와 전기차 기업 일부 포함.

10. 핀테크

핀테크는 금융(Finance)과 기술(Technology)의 융합으로 모바일 결제, 블록체인, 디지털 뱅킹이 핵심 분야입니다. 애플페이, 페이팔, 스퀘어(현 Block), 코인베이스 같은 기업들이 전통 금융을 빠르게 대체하고 있습니다. 핀테크는 금융 소비 습관의 변화와 규제 완화가 맞물리며 빠르게 성장 중입니다.

- **IPAY**(ETFMG Prime Mobile Payments ETF)

  운용사: ETF Managers Group

  특징: 모바일 결제·핀테크 기업에 집중.

- **ARKF**(ARK Fintech Innovation ETF)

  운용사: ARK Invest

  특징: 디지털 결제, 블록체인, 혁신적 금융 서비스 기업 투자.

11. 우주산업

민간 우주 경쟁이 본격화되면서 우주 탐사·위성·발사체 시장이 급성장하고 있습니다. 스페이스X(비상장), 블루오리진, 로켓랩, 그리고 위성통신의 스타링크 같은 기업들이 대표적입니다. 인공위성 데이터, 우주 인터넷 서비스 등 새로운 시장도 열리고 있습니다. ETF를 통해 민간·상업 우주기업에 분산 투자할 수 있습니다.

- **ARKX**(ARK Space Exploration & Innovation ETF)

  운용사: ARK Invest

  특징: 우주 탐사, 위성, 항공우주 기술 혁신 기업 투자.

12. 5G

5세대 이동통신(5G)은 자율주행, 메타버스, 사물인터넷의 기반 인프라입니다. 초고속·초저지연·대용량 통신이 가능해지면서 스마트시티, 원격의료, 클라우드 게임 산업이 확장됩니다. 퀄컴, 에릭슨, 버라이즌 같은 통신 장비 및 서비스 기업이 주요 수혜주입니다.

● **FIVG**(Defiance Next Gen Connectivity ETF)

운용사: Defiance ETFs

특징: 5G 네트워크 장비, 인프라, 반도체 기업 투자.

이처럼 다양한 테마 ETF 중에서 유망한 상품을 선택하기 위해서는 체계적인 분석이 필요합니다. 이를 위해 템플릿을 활용하여 특정 ETF의 과거 성과를 분석하고 미래를 전망하는 데 도움을 받을 수 있습니다.

체계적인 분석을 위한 ETF 템플릿 활용 1단계: 시작일 날짜 지정 및 투자 금액 입력

다음의 템플릿에서 연두색으로 표기한 영역에 대해 데이터를 입력할 수 있고, 나머지는 모두 수식이 적용되어 있습니다. 템플릿에서 날짜 지정(시작일)을 기준으로 모멘텀 점수를 자동으로 계산해주는데,

4차 산업혁명 ETF 모멘텀 투자 전략

		시작일	종료일
날짜 지정		2025. 8. 1	2025. 8. 29
투자금액		$30,000.00	$32,372.60
기간 수익률		7.91%	

모멘텀 범위 지정: 0

Ticker	종목설명	순위	자산배분금액	주식수	투자금액	투자잔고	모멘텀점수	2025. 8. 1	기간 수익률	종료일 주가
ARKF	핀테크	1	$5,370.22	105	$5,370.22	$5,642.10	3.14	$50.96	5.06%	$53.54
UFO	우주산업	2	$4,460.72	151	$4,460.72	$5,131.50	2.61	$29.46	15.04%	$33.89
TAN	태양광	3	$3,306.79	91	$3,306.79	$3,768.44	1.93	$36.46	13.96%	$41.55
ROBO	로봇	4	$2,500.93	40	$2,500.93	$2,579.84	1.46	$61.80	3.16%	$63.75
QTUM	양자컴퓨터	5	$2,231.63	25	$2,231.63	$2,338.22	1.30	$90.45	4.78%	$94.77
SOXX	반도체	6	$2,176.21	9	$2,176.21	$2,250.33	1.27	$237.24	3.41%	$245.32
LIT	배터리	7	$2,158.20	53	$2,158.20	$2,510.49	1.26	$40.80	16.32%	$47.46
QQQ	NASDAQ 100	8	$1,720.17	3	$1,720.17	$1,771.48	1.01	$553.88	2.98%	$570.40
BOTZ	인공지능	9	$1,511.34	46	$1,511.34	$1,530.96	0.88	$33.12	1.30%	$33.55
DRIV	자율주행	10	$1,382.29	58	$1,382.29	$1,518.36	0.81	$23.67	9.84%	$26.00
SPY	S&P 500	11	$1,291.45	2	$1,291.45	$1,339.91	0.75	$621.72	3.75%	$645.05
NXTG	5G	12	$1,024.40	11	$1,024.40	$1,064.26	0.60	$95.86	3.89%	$99.59
SKYY	클라우드	13	$643.98	5	$643.98	$691.75	0.38	$118.75	7.42%	$127.56
PRNT	3D프린트	14	$221.66	10	$221.66	$234.96	0.13	$21.34	6.00%	$22.62
SNSR	IoT	15	$0.00	0	$0.00	$0.00	0.00	$36.13	6.01%	$38.30

모멘텀 점수는 특정 기간 동안의 수익률을 바탕으로 현재 어떤 ETF가 가장 강한 상승 추세에 있는지를 평가하는 지표입니다. 일반적으로 1개월, 3개월, 6개월, 12개월의 수익률을 기준으로 점수를 산출합니다. 이때 가장 최근의 성과가 중요하므로 1개월이나 3개월과 같은 단기 수익률에 더 높은 가중치를 부여합니다. 이렇게 계산된 점수가 높은 ETF는 현재 상승세를 이어갈 가능성이 높다고 보고 투자 대상으로 우선 고려할 수 있습니다. 아래의 안내 순서대로 따라해보시기 바랍니다.

1. 시작일을 클릭하여 날짜를 지정합니다. 날짜를 지정하면 M열의 주가가 시작일 기준의 주가로 표기됩니다.

2. H열의 모멘텀 점수와 C열의 모멘텀 순위는 시작일 날짜를 기준으로 계산됩니다.

3. B4열의 투자 금액을 입력합니다.

4. H6열의 모멘텀 범위 지정의 기본값은 0이지만, 숫자를 입력하면 해당 숫자보다 높은 모멘텀 점수의 자산만 표기됩니다.

5. D열의 자산 배분 금액이 자동으로 계산되고, 주식 수(E열), 투자 금액(F열)이 계산됩니다.

6. G열의 투자 잔고는 종료일 기준의 주가로 계산된 금액입니다.

7. 매월 1일에 종목 리밸런싱을 한다고 가정하면, 시작일을 1일로 맞춰놓고 어떤 자산에 투자할지 결정할 수 있습니다.

8. 시작일과 종료일을 현시점이 아닌 과거 시점으로 변경하면 과거 특정 시점의 자산별 모멘텀 점수 및 기간 수익률도 조회할 수 있습니다.

   (이 템플릿은 포트폴리오 전략에 도움을 주려는 목적이며, 매수/매도 추천의 의도가 없습니다. 모든 투자의 책임은 투자자 본인에게 있습니다.)

체계적인 분석을 위한 ETF 템플릿 활용 2단계: 모멘텀 범위 지정하기

다음의 템플릿에서 모멘텀 범위 지정을 1.5로 변경하면 모멘텀 점수가 1.5 이상인 종목에만 투자하겠다는 의미이며, 모멘텀 점수가 1.5 이상인 종목들만 투자할 수 있도록 자동으로 계산합니다. 모멘텀

을 0으로 지정했을 때보다 더 높은 수익율이 나오는 것을 확인할 수 있습니다. 하지만 무조건 모멘텀 점수가 높은 종목의 기간별 수익률이 좋다고 볼 수는 없기 때문에, 적절한 투자 전략을 세우는 것이 중요합니다.

체계적인 분석을 위한 ETF 템플릿 활용 3단계: 포트폴리오 구성 및 리밸런싱

성공적인 투자는 단순히 좋은 ETF를 보유하는 것에서 그치지 않고, 정기적으로 포트폴리오를 점검하고 조정하는 '리밸런싱' 과정을 포함합니다. 앞서 계산한 모멘텀 점수가 높은 ETF들을 중심으로 포트폴리오를 구성하고, 1개월, 3개월, 6개월 등 자신의 투자 성향에 맞는 주기를 설정하여 모멘텀 점수가 높은 종목들 위주로 ETF를 교체할 수 있습니다. 이 과정에서 성과가 부진한 ETF는 제외하고, 새롭게 떠오르는 유망 ETF를 편입하며 포트폴리오를 리밸런싱할 수 있습니다.

이러한 분석틀은 다양한 전략에 적용될 수 있습니다. 예를 들어, 매월 모멘텀 점수가 가장 높은 상위 5개 ETF에 투자하고 월 단위로 성과를 평가하며 종목을 교체하는 단기 전략을 구사할 수 있습니다. 이렇게 하는 경우 매월 1일을 기준으로 어떤 자산의 모멘텀 점수가 높은지 템플릿을 통해 확인이 가능합니다. 또는 ETF별로 연간 성과를 비교하여 장기적인 성장성이 높은 ETF를 선정해 꾸준히 투자하는 장기 전략도 가능합니다. 나아가 전기차, AI 등 특정 산업 내에서 가장 강한 성장세를 보이는 ETF를 선택하는 데에도 이 분석법을 활용할 수 있습니다.

ETF 분석 템플릿을 활용하는 것은 단순히 과거 데이터를 확인하는 것을 넘어, 시장 변화에 체계적으로 대응하는 투자 전략을 수립하는 데 큰 도움이 됩니다. 이를 통해 투자자는 감에 의존하는 대신 객관적인 데이터에 기반하여 장기적인 투자 성과를 극대화하고, 시장에서 꾸준히 우수한 성과를 보이는 ETF를 효과적으로 선별할 수 있습니다.

위기에도 기회는 있다

성공적인 투자를 위해서는 개별 기업과 산업을 분석하는 것을 넘어, 경제 전체의 큰 흐름을 읽는 능력이 필요합니다. 이때 가장 기본이 되는 개념이 바로 '경기 사이클'입니다. 경기 사이클(Business Cycle)이란 경제가 장기적으로 성장하는 과정에서 확장(Boom)과 수축(Recession)이 파도처럼 반복적으로 나타나는 경제적 흐름을 의미합니다. 이러한 사이클은 경제의 가장 기본적인 단위인 '거래'에서 비롯되며, 기업과 소비자 간의 공급과 수요, 생산과 소비, 그리고 대출과 부채의 복잡한 상호작용에 의해 형성됩니다.

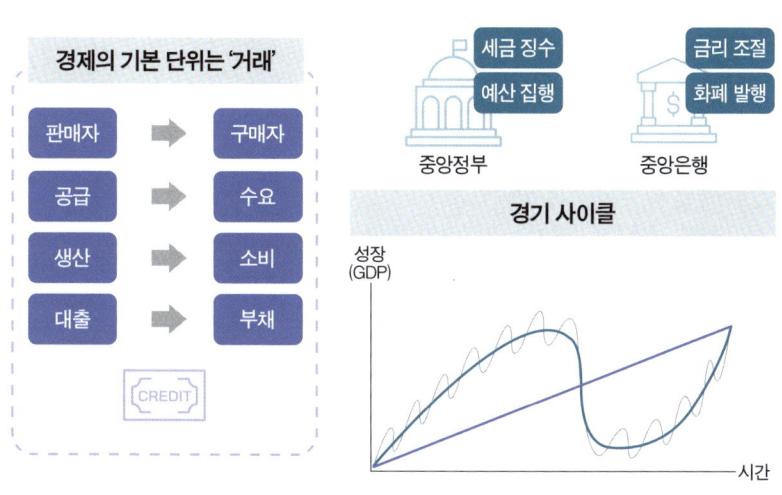

경기 사이클의 4단계: 확장, 정점, 수축, 저점

경기 사이클은 일반적으로 다음과 같은 네 가지 주요 단계를 거치며 순환합니다. 첫 번째 확장기(Expansion)는 경제가 성장하며 국내총생산(GDP), 고용, 소비, 투자가 전반적으로 증가하는 시기입니다. 기업의 생산 활동이 활발해지고 주식 시장도 강세를 보이며, 낮은 금리 수준 속에서 신용 거래가 활발해집니다. 이때 소비자와 기업 들은 경제를 낙관적으로 전망하며 지출을 늘립니다.

확장기가 무르익으면 경제는 정점(Peak)에 이르게 됩니다. 이때는 경제 성장률이 최고조에 달하며 물가 상승, 즉 인플레이션 압력이 커집니다. 노동 시장은 거의 완전 고용 상태에 이르러 실업률이 낮아지고 임금이 상승하며, 중앙은행은 과열된 경기를 억제하기 위해 금리 인상을 고려하기 시작합니다. 주식이나 부동산 같은 자산 가격이 고평가될 가능성도 큽니다.

정점을 지나면 경기는 수축기(Contraction/Recession)로 접어듭니다. 중앙은행의 금리 인상과 신용 경색의 여파로 소비와 투자가 둔화되고, 기업의 매출과 이익이 감소하면서 실업률이 다시 증가합니다. 주식 시장과 부동산 시장이 약세를 보이며 이러한 상태가 지속되면 경기 침체로 이어집니다. 이 시기에는 중앙은행이 긴축 정책을 완화하며 금리를 인하할 가능성이 있습니다.

마지막으로 경제는 저점(Trough/Recovery)을 통과하며 점진적인 회복 국면으로 전환됩니다. 금리 인하와 정부의 재정 부양책 등이 경제 활성화를 지원하고, 위축되었던 기업의 생산 활동과 소비 심리가 서서히 회복됩니다. 주식 시장 역시 바닥을 다지고 반등하며 새로운 확장기로의 이동을 준비합니다.

경기 사이클은 왜 발생하는가?

이러한 경기 사이클은 경제의 내재적 특성과 정부 및 중앙은행의 정책적 개입이 복합적으로 작용하면서 형성됩니다. 주요 동력은 크게 세 가지로 나눌 수 있습니다. 가장 근본적인 원인 중 하나는 신용

(Credit)의 팽창과 수축입니다. 경기가 좋을 때는 기업과 가계가 대출을 통해 미래의 소득을 앞당겨 쓰면서 소비와 투자가 늘고, 자산 가격이 오릅니다. 그러나 신용이 한계에 도달하고 부채 상환 부담이 커지면 경제는 반대로 수축 국면으로 전환됩니다. 이러한 부채 주기가 경기 사이클의 핵심 동력으로 작용합니다.

다음으로 중앙은행과 정부의 정책 개입 역시 중요한 변수입니다. 이들은 금리 조절이나 재정 정책을 통해 경기 변동의 폭을 줄이려 노력하지만, 사이클을 완전히 통제하는 것은 불가능합니다. 확장기에는 과열을 막기 위해 금리를 올리고, 침체기에는 경기를 부양하고자 금리를 내리며 재정 지출을 늘립니다. 그러나 1990년대 후반의 IT 버블이나 2008년 글로벌 금융위기, 2020년 팬데믹 대응 사례에서 보듯, 정책의 타이밍과 강도가 의도와 다른 결과를 낳거나 때로는 변동성을 키우기도 합니다.

마지막으로, 경기 사이클은 투자자들의 심리와 같은 비경제적 요인에도 큰 영향을 받습니다. 확장기에는 낙관론이 팽배하며 주식, 부동산 등 자산 가격이 급등하고 정점에서는 거품이 형성됩니다. 반대로 수축기에는 비관론이 시장을 지배하며 투자 심리가 급격히 악화되고 자산 가격이 폭락하는 현상이 나타납니다. 이러한 심리적 요인 또한 경기 사이클을 움직이는 중요한 요인 중 하나입니다.

경제의 흐름에 맞춘 투자 전략

경기 사이클의 각 단계를 이해하는 것은 투자 전략을 수립하는 데 있어 필수적입니다. 각 시기별로 어떤 자산이 강세를 보이고 어떤 자산이 약세를 보이는지 패턴을 파악하고 대응하는 것이 중요하기 때문입니다. 일반적으로 경기가 성장하는 확장기에는 주식, 특히 성장주와 부동산, 원자재에 대한 투자가 유망합니다. 기업들의 투자가 활발해지는 시기이기도 합니다. 경기가 정점에 다다르면 인플레이션 위험을 방어할 수 있는 금이나 원자재 같은 자산이 주목받으며, 과열되었던 경기 민감 섹터에 대한 비중 조절이 필요할 수 있습니다.

이후 경기가 수축기에 접어들면 투자자들은 안전자산인 채권이나 경기에 덜 민감한 유틸리티, 필수소비재, 헬스케어와 같은 방어적 섹터에서 기회를 찾습니다. 마지막으로 경기가 저점을 통과할 때는 저평가된 주식이나 가치주를 발굴하며 장기적인 관점의 투자 기회를 모색하기에 좋은 시기입니다. 따라서 현재 경기 사이클이 어느 국면에 위치하는지를 분석하고, 이에 맞는 자산 배분 전략을 적용하는 것이 매우 중요합니다.

경기 사이클은 신용 거래, 정부 정책, 투자 심리 등 복합적인 요인에 의해 확장과 수축을 반복하며 자연스럽게 순환합니다. 이때 투자자로서 가져야 할 가장 중요한 자세는 미래의 경기 사이클을 정확히 예측하려 하기보다는 현재 경제가 어느 단계에 있는지를 객관적으로 파악하고, 이에 맞춰 유연하게 대응하는 것입니다. 특정 자산이 특정 경기 국면에서 강세를 보이는 경향과 패턴을 이해하고, 이를 자신의 투자 전략에 녹여내는 것이 바로 장기적인 투자 성공의 핵심이라 할 수 있습니다.

경기 사이클의 변화에 따라 어떤 산업 섹터가 강세를 보이는지 과거 사례를 통해 분석하는 것은 매우 중요합니다. 예를 들어 팬데믹 특수 상황으로 언택트 관련 기업이 급등했던 2020년 경기 회복기에는 IT(XLK), 경기소비재(XLY), 커뮤니케이션(XLC) 섹터가 가장 높은 수익률을 기록했습니다. 이후 연준의 막대한 유동성 공급으로 인플레이션 우려가 커진 2021년에는 부동산(XLRE)과 에너지(XLE) 섹터가 강세를 보였습니다. 반면 경기 침체 우려가 본격화된 2022년에는 에너지(XLE) 섹터가 독주한 가운데, 대표적인 방어주 섹터인 유틸리티(XLU), 필수소비재(XLP), 헬스케어(XLV)가 상대적으로 높은 성과를 거두었습니다.

미래를 위한 투자 전략: 경기 침체기 대응법

경기 사이클의 구조를 제대로 이해했다면 경기 확장과 인플레이션 구간 다음에 경기 침체 사이클로 갈 수도 있다는 가정을 해볼 수 있습니다. 이러한 경기 침체기를 대비하기 위해서 경기 침체에 비교적 강한 섹터에 분산 투자하는 전략도 중요합니다. 따라서 유틸리티(XLU), 필수소비재(XLP), 헬스케어(XLV) 관련 ETF에 집중하는 전략을 고려해볼 수 있습니다. 동시에 단기적인 트레이딩보다는 최소 3년 이상의 장기적인 관점에서 꾸준히 적립식으로 투자하는 원칙을 지키는 것이 중요합니다. 또한 시야를 넓혀 경기 침체를 지나 회복기로 접어든 중국 시장의 가능성에 주목하고, 미국과 중국의 소비자물가지수(CPI) 및 금리 흐름을 지속적으로 모니터링하며 경기 사이클의 변화에 대응해야 합니다.

하지만 경기 사이클은 항상 정형화된 패턴을 따르지 않으며, 예기치 못한 경제 충격이나 정책 개입에 따라 예상과 다르게 전개될 수 있음을 명심해야 합니다. 따라서 우리의 목표는 '경기 사이클을 예측'하는 것이 아니라, '현재의 경제 상황을 객관적으로 이해하고 이에 맞춰 대응'하는 것이어야 합니다. 자극적인 뉴스나 유튜브 헤드라인에 휘둘리지 말고, 본인이 직접 데이터를 확인하며 투자 기준을 세우는 것이 필수적입니다. 대폭락이 온다는 식의 주장에 흔들리지 않고, 경기 사이클과 자산 수익률 데이터를 통해 객관적인 판단을 내리는 훈련이 필요합니다.

결론적으로 피델리티 차트나 CPI 분석을 통해 현재의 경기 국면을 파악하고, 각 사이클에서 어떤 자산과 섹터가 강세를 보이는지 분석할 수 있습니다. 이를 통해 현재 예상되는 경기 침체기에는 유틸리티, 필수소비재, 헬스케어와 같은 방어 섹터에 주목하고, 장기적인 관점에서 꾸준한 적립식 투자를 진행하는 종합적인 전략을 세울 수 있습니다. 이러한 원칙을 지킬 때 단기적인 시장 변동에 흔들리지 않고 장기적으로 안정적인 수익을 추구하는 현명한 투자자가 될 수 있을 것입니다.

현재 경기 국면 파악 및 자산 수익률 분석법

현재 경기 사이클 확인하는 방법

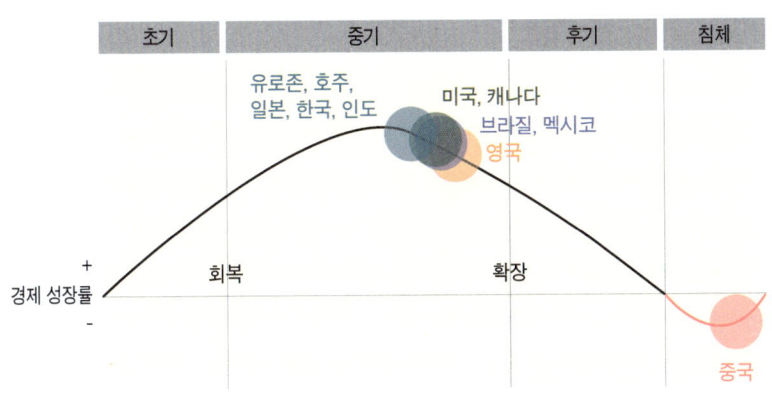

자료: Fidelity Business Cycle

경기 사이클의 이론적 단계를 이해했다면 다음은 우리 경제가 어느 국면에 위치해 있는지를 파악하는 실질적인 방법을 알아볼 차례입니다. 이는 효과적인 투자 전략을 세우는 데 필수적인 과정입니다. 경기 사이클의 현재 위치를 파악하는 데 유용한 도구 중 하나는 피델리티(Fidelity)에서 제공하는 '비즈니스 사이클' 차트입니다. 구글에서 'Fidelity Business Cycle'을 검색하여 상위 링크를 클릭하면 각국의 경기 사이클 현황을 한눈에 확인할 수 있습니다. 2022년을 기준으로 미국 경제는 인플레이션이 높은 경기 정점 구간을 지나 침체 국면으로 이동하는 과정에 있는 반면, 중국은 경기 침체를 벗어나 회복기로 접어드는 모습을 보입니다. 실제로 미국 증시는 인플레이션이 최고조에 달했던 2022년을 기점으로 크게 하락하는 모습을 보였습니다.

경기 흐름을 더욱 명확히 파악하는 또 다른 방법은 각국의 소비자 물가지수(CPI)를 분석하는 것입니다. 구글에서 '중국 CPI'와 같이 특정 국가의 CPI를 검색하여 최신 데이터를 확인하면 됩니다. 예를 들어, 국가별 경기 사이클을 비교해보면 중국은 경기 침체를 지나 회복기의 사이클로 넘어가고 있고, 미국과 유럽 등은 인플레이션의 정점을 지나고 있는 것을 확인할 수 있습니다. 이러한 비교 분석을 통해 현재 어느 국가가 투자에 유리한 환경인지 엿볼 수 있습니다.

경기 사이클에 따른 국가별 자산 수익률 분석

경기 사이클의 흐름에 따라 국가별, 자산별 수익률은 다르게 나타나는 경향이 있습니다. 이러한 관계는 글로벌 자산 모멘텀 투자 전략 템플릿과 같은 도구를 통해 쉽게 분석할 수 있습니다. 위의 템플릿은 2개의 탭으로 구성되어 있습니다. 첫 번째 탭은 미국 상장 ETF를 활용한 글로벌 자산 모멘텀 투자 전략을 세울 수 있으며, 활용 방법은 앞서 설명한 '4차 산업혁명 모멘텀 투자 전략'과 같습니다.

국내 상장 ETF 탭을 클릭하면 한국에 상장한 국가별 ETF를 활용한 모멘텀 투자 전략을 세울 수 있습니다. 특히 연금 저축 계좌를 통해 ETF를 활용하여 장기 투자 계획을 세우는 데 활용해보시기 바랍니다.

글로벌 자산 모멘텀 투자 전략

	시작일	종료일
날짜 지정	2025. 8. 1	2025. 8. 29
투자금액	$30,000.00	$33,359.35
기간 수익률	11.20%	

모멘텀 범위 지정
0

Ticker	종목설명	순위	자산배분금액	주식수	투자금액	투자잔고	모멘텀점수	2025. 8. 1	기간 수익률	종료일 주가
VNM	베트남	1	$7,939.84	498	$7,939.84	$9,104.68	4.29	$15.95	14.67%	$18.29
CNXT	중국 심천지수	2	$4,272.53	140	$4,272.53	$5,480.90	2.31	$30.62	28.28%	$39.28
EWY	한국	3	$2,815.62	40	$2,815.62	$2,878.98	1.52	$70.65	2.25%	$72.24
FXI	중국대형주	4	$2,070.18	56	$2,070.18	$2,187.09	1.12	$36.83	5.65%	$38.91
ASHR	중국 CSI300	5	$1,963.68	69	$1,963.68	$2,218.51	1.06	$28.28	12.98%	$31.95
QQQ	미국 나스닥 100	6	$1,861.65	3	$1,861.65	$1,917.18	1.01	$553.88	2.98%	$570.40
EIS	이스라엘	7	$1,627.27	18	$1,627.27	$1,694.68	0.88	$91.01	4.14%	$94.78
KWEB	중국인터넷기업	8	$1,604.45	47	$1,604.45	$1,775.59	0.87	$34.50	10.67%	$38.18
EEM	개발도상국	9	$1,434.85	30	$1,434.85	$1,484.26	0.77	$48.20	3.44%	$49.86
SPY	미국 S&P 500	10	$1,397.67	2	$1,397.67	$1,450.11	0.75	$621.72	3.75%	$645.05
TUR	터키	11	$1,372.10	40	$1,372.10	$1,427.52	0.74	$33.92	4.04%	$35.29
IWM	미국 소형주	12	$410.04	2	$410.04	$448.67	0.22	$214.92	9.42%	$235.17
EWJ	일본	13	$400.26	5	$400.26	$423.01	0.22	$74.07	5.68%	$78.28
IEFA	선진국	14	$387.71	5	$387.71	$405.79	0.21	$81.70	4.66%	$85.51
EFA	선진국	15	$235.94	3	$235.94	$247.27	0.13	$87.29	4.80%	$91.48
VGK	유럽	16	$206.22	3	$206.22	$215.10	0.11	$75.26	4.31%	$78.50
INDA	인도	17	$0.00	0	$0.00	$0.00	0.00	$52.72	-1.40%	$51.98
EWZ	브라질	17	$0.00	0	$0.00	$0.00	0.00	$26.85	10.69%	$29.50

💡 글로벌 자산 수익률 템플릿 활용팁

💡 1. 시작일을 클릭하여 날짜를 지정합니다. 날짜를 지정하면 M열의 주가가 시작일 기준의 주가로 표기 됩니다.

증시가격은 모든 주식 시장의 증시가격을 표시하는 것은 아니며 최대 20분 전 정보임을 참고하시기 바랍니다. 정보는 '있는 그대로' 제공되며 거래 목적이나 조언이 아닌

＋　≡　미국상장 ETF ▾　국내상장 ETF ▾

국가별로 경기 사이클이 다르기 때문에, 글로벌 자산의 모멘텀 점수에 따른 분산투자를 한다면 더욱 안정적인 포트폴리오를 구성할 수 있을 것입니다. 템플릿의 기본적인 활용 방법은 앞에서 설명해드린 '4차 산업혁명 ETF 모멘텀 투자 전략' 템플릿과 동일합니다.

무엇이 성공적인 투자를 결정하는가?

여러분이 주식 투자를 할 때 가장 중요하게 생각하는 요소는 무엇인가요? 많은 분들이 "어떤 종목을 사야 할까?"라는 고민부터 시작할 것입니다. 그러나 진정한 장기 투자 성공의 핵심은 개별 종목 선택이 아니라 '자산 배분 전략'에 있습니다. 이번 장에서는 자산 배분 전략이 왜 중요한지, 그리고 이를 실전에서 어떻게 적용할 수 있는지 네 개의 세션을 통해 다룰 것입니다. 이 과정을 통해 여러분은 스스로 자산 배분 전략을 설계하고, 테슬라나 애플 같은 개별 종목에 투자하기 전에 반드시 그려야 할 큰 그림을 갖추게 될 것입니다. 단순히 주가의 등락에 따라 감정적으로 반응하는 대신, 장기적인 전략을 가지고 시장에 대응하는 법을 배우는 것이 무엇보다 중요합니다.

자산 배분은 왜 중요한가?: 시장은 끊임없이 변한다

주요 자산군별 5년 수익률(%)

"아무리 좋은 자산이라도 항상 수익률이 좋을 순 없다"

	2017	2018	2019	2020	2021
1위	신흥국 주식 37.3	현금 1.7	대형주 31.2	대형주 18.3	리츠 40.5
2위	선진국 주식 25.1	채권 0.1	리츠 28.9	신흥국 주식 17.0	원자재 31.1
3위	대형주 21.7	물가연동채 -1.4	중형주 25.8	중형주 13.5	대형주 28.8
4위	중형주 15.9	대형주 -4.6	소형주 22.6	소형주 11.4	소형주 26.8
5위	소형주 13.1	리츠 -6.0	선진국 주식 22.0	물가연동채 10.8	중형주 24.5
6위	아시아태평양 국가주식 12.6	아시아태평양 국가주식 -7.2	신흥국 주식 18.2	아시아태평양 국가주식 7.8	아시아태평양 국가주식 16.3
7위	리츠 4.9	소형주 -8.6	아시아태평양 국가주식 17.5	선진국 주식 7.6	선진국 주식 11.5
8위	채권 3.6	중형주 -11.3	채권 8.5	채권 7.5	물가연동채 5.7
9위	물가연동채 2.9	원자재 -13.1	물가연동채 8.4	현금 0.4	현금 -0.1
10위	원자재 0.7	선진국 주식 -13.8	원자재 7.6	원자재 -4.1	채권 -1.8
11위	현금 0.7	신흥국 주식 -15.3	현금 2.0	리츠 -4.6	신흥국 주식 -3.6

자료: Wealth of Common Sense

　어떤 자산도 영원한 수익률을 보장하지 않습니다. 시장 환경이 끊임없이 변하기 때문입니다. 최근 몇 년간의 시장 변화를 살펴보면 이를 명확히 알 수 있습니다. 팬데믹이 발생했던 2020년에는 미래 성장성이 기대되는 고성장주와 빅테크 기업 들이 급등하며 시장을 주도했습니다. 그러나 2021년에는 대형주의 상승세가 둔화되고, 인플레이션 우려 속에서 부동산 리츠(REITs)와 원자재 섹터가 가장 높은 수익률을 기록했습니다. 그리고 금리 인상이 본격화된 2022년에는 불과 2년 전만 해도 끝없이 오를 것 같던 IT 기업과 고성장주들이 급격한 하락을 맞이했습니다.

이처럼 시장 사이클에 따라 강세를 보이는 자산이 매번 다르기 때문에 특정 종목이나 섹터에만 집중하는 것은 장기적으로 매우 위험할 수 있습니다. 따라서 자산 배분 전략을 통해 변동성을 최소화하고 꾸준한 수익을 추구해야 합니다.

자산 배분의 기본: 코어 세틀라이트 전략

자산 배분에는 다양한 방법이 있지만 가장 기본적이면서도 널리 사용되는 방식 중 하나가 '코어 세틀라이트(Core-Satellite)' 전략입니다. 이 전략에서 '코어(Core)'는 포트폴리오의 중심을 잡아주는 핵심 자산을 의미합니다. S&P 500 지수 ETF나 배당 성장 ETF처럼 비교적 안정적인 수익률을 목표로 하는 자산들로 구성됩니다. 반면 '세틀라이트(Satellite)'는 코어 자산을 위성처럼 둘러싸며 더 높은 수익률을 추구하는 자산입니다. 테슬라, 엔비디아와 같은 고성장 개별 종목이나 2차전지 ETF(LIT)처럼 변동성은 높지만 미래 성장성이 기대되는 자산이 여기에 포함됩니다. 포트폴리오의 70%를 안정적인 코어 자산에, 나머

코어 세틀라이트 전략
(Core-Satellite Strategy)

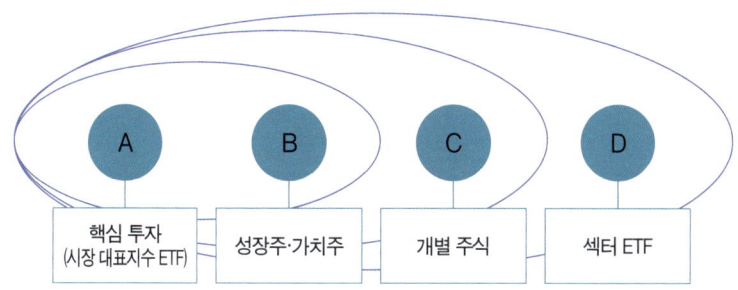

| 핵심 투자 (시장 대표지수 ETF) | 성장주·가치주 | 개별 주식 | 섹터 ETF |

코어 세틀라이트 포트폴리오

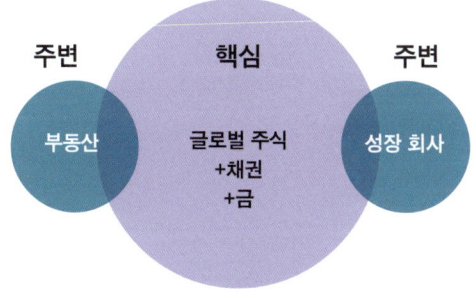

주변 — 부동산

핵심 — 글로벌 주식 +채권 +금

주변 — 성장 회사

지 30%를 고성장 세틀라이트 자산에 배분하는 방식으로 안정성과 성장성을 동시에 추구할 수 있습니다.

코어 세틀라이트 전략 외에도, 시장에는 투자자의 성향과 목표에 따라 선택할 수 있는 수많은 자산 배분 전략이 존재합니다. 이번 장에서는 그중 대표적인 네 가지 전략의 핵심 개념과 운용 방식을 살펴보겠습니다.

1. 듀얼 모멘텀 전략(Dual Momentum Strategy)

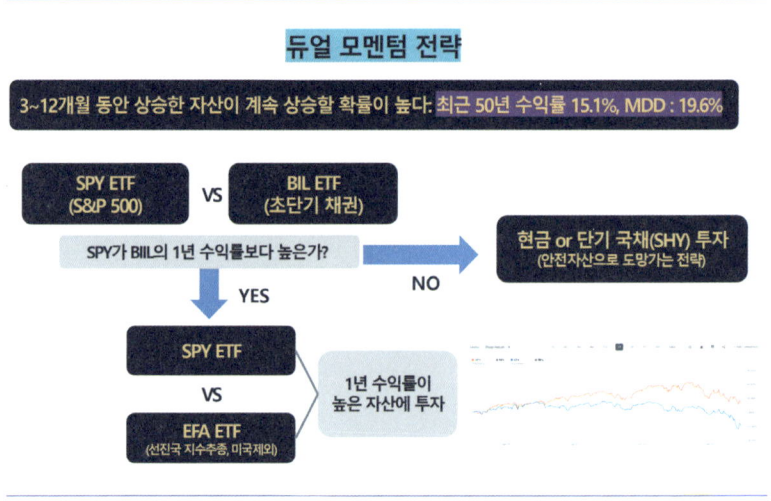

듀얼 모멘텀 전략은 '최근 3개월에서 12개월 동안 상승한 자산이 앞으로도 상승할 가능성이 높다'는 모멘텀 효과에 기반합니다. 이 전략은 과거 50년간 평균 15.1%의 연 수익률과 19.6%의 최대 손실폭을 기록했습니다. 투자 방법은 매월 1회, S&P 500 지수를 추종하는 SPY 와 초단기 채권인 BIL의 최근 1년 수익률을 비교하는 것에서 시작합니다. 만약 SPY의 수익률이 더 높다면 SPY와 선진국 지수 ETF인 EFA 중에서 더 강한 모멘텀을 보이는 자산에 투자합니다. 반대로 SPY의 수익률이 BIL보다 낮다면 시장이 불안하다고 판단하여 현금 또는 단기 국채(SHY)로 자산을 이동시켜 위험을 관리합니다.

2. PAA 전략(Protective Asset Allocation)

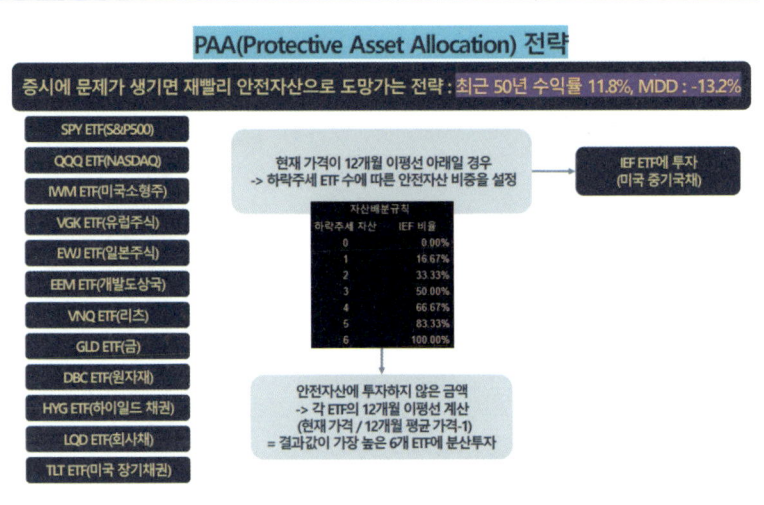

보호적 자산 배분(PAA) 전략은 '시장이 불안할 때 신속하게 안전자산으로 이동'하는 것을 핵심으로 하며, 과거 평균 11.8%의 연 수익률과 13.2%의 비교적 낮은 최대 손실폭을 보였습니다. 이 전략은 SPY, QQQ, 금, 원자재 등 12개의 주요 자산군을 설정하고, 매월 각 자산이 12개월 이동평균선 아래에 있어 하락 추세인지 판단합니다. 하락 추세인 자산의 수가 많을수록 중기 국채(IEF)나 현금과 같은 안전자산의 비중을 늘리고, 나머지 자금은 상승 추세에 있는 상위 6개 ETF에 분산 투자하는 방식으로 위험을 방어합니다.

3. VAA 전략(Vigilant Asset Allocation)

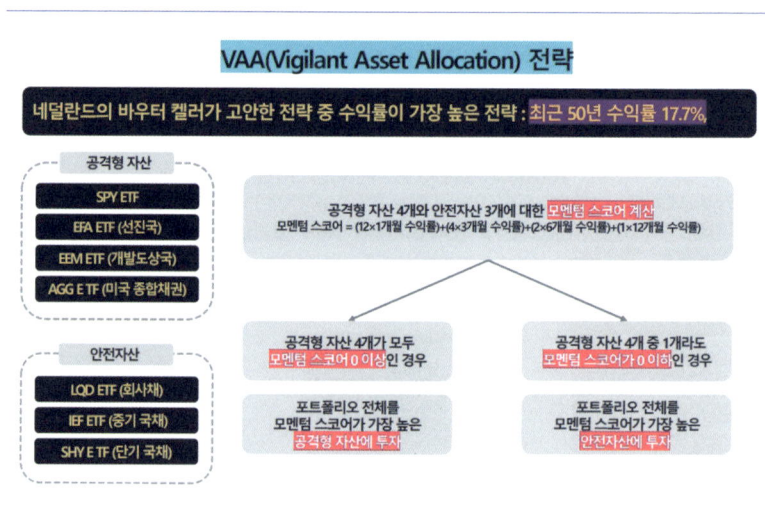

VAA 전략은 '공격형 자산과 안전자산의 모멘텀을 분석하여 유리한 쪽을 선택'하는 방식으로, 과거 50년간 연평균 17.7%라는 높은 수익률을 기록했습니다. 이 전략은 미리 설정된 4개의 공격형 자산과 3개의 안전자산에 대해 1, 3, 6, 12개월 수익률을 가중 평균하여 모멘텀 점수를 계산합니다. 매월 점검 시, 모든 공격형 자산의 점수가 0 이상이면 그중 가장 점수가 높은 자산 하나에 집중 투자합니다. 만약 공격형 자산 중 하나라도 점수가 0 이하라면 즉시 안전자산으로 모든 자금을 이동시킵니다.

4. LAA 전략(Lethargic Asset Allocation)

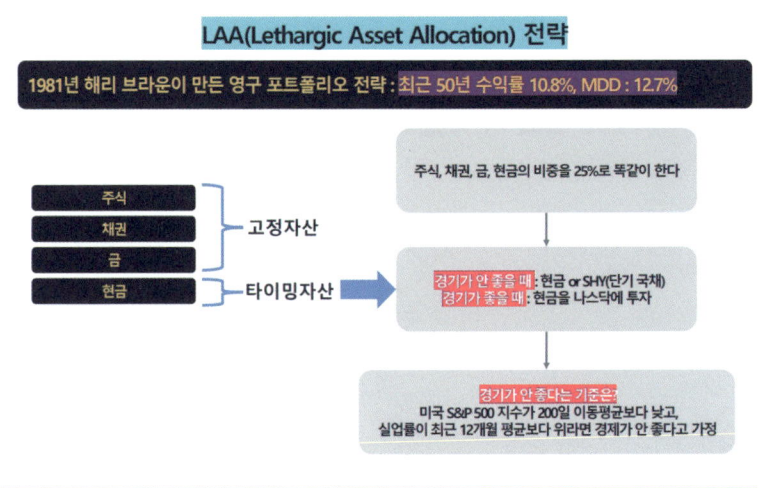

LAA 전략은 주식, 채권, 금, 현금을 균등하게 배분해 장기적으로 유지하는 간단한 원칙을 따르며, 연평균 10.8% 수익률을 보여주었습니다. 포트폴리오는 네 자산을 각각 25%씩 배분하는 것을 기본으로 합니다. 리밸런싱은 고정자산에 대해 연 1회 진행하고, 타이밍 자산인 현금은 월 1회 경기 상황을 판단해 경기가 좋으면 나스닥 ETF로 이동시키고, 나쁘면 단기 채권(SHY)으로 유지하는 유연성을 더합니다.

이 외에도 시장에는 수많은 자산 배분 전략들이 존재합니다. 중요한 것은 각 전략의 특징을 이해하고, 자신의 투자 성향과 목표에 맞는 전략을 꾸준히 실행하는 것입니다. 자신만의 원칙을 세우고 주기적인 리밸런싱을 통해 성공적인 투자자로 거듭나시기를 바랍니다.

투자 고수들의 포트폴리오 1

앞서 다양한 자산 배분 전략의 이론을 살펴보았다면, 이번에는 투자 대가들의 전략을 직접 확인하고 이를 실제 투자에 적용하는 방법을 실습해보겠습니다. 특히, 듀얼 모멘텀 전략과 PAA(보호적 자산 배분) 전략을 중심으로 구체적인 도구를 활용하여 어떻게 투자를 실행할 수 있는지 알아보겠습니다.

듀얼 모멘텀 전략 실습: 야후 파이낸스 활용하기

듀얼 모멘텀 전략은 특정 자산의 최근 1년 수익률을 비교하여 상대

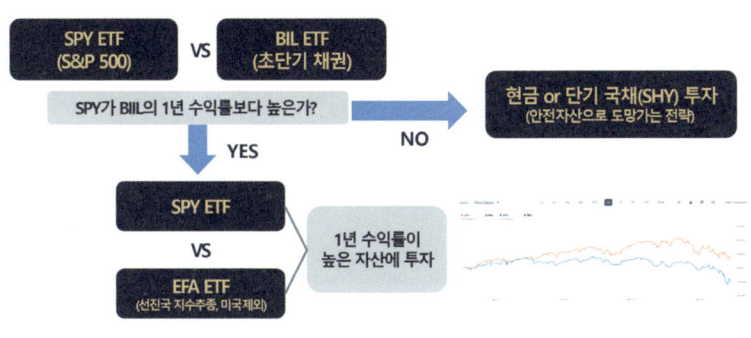

듀얼 모멘텀 전략

3~12개월 동안 상승한 자산이 계속 상승할 확률이 높다. 최근 50년 수익률 15.1%, MDD : 19.6%

SPY ETF (S&P 500) **VS** BIL ETF (초단기 채권)

SPY가 BIL의 1년 수익률보다 높은가?

NO → 현금 or 단기 국채(SHY) 투자 (안전자산으로 도망가는 전략)

YES

SPY ETF **VS** EFA ETF (선진국 지수추종, 미국제외)

1년 수익률이 높은 자산에 투자

적으로 우위에 있는 자산에 투자하는 방식입니다. 이를 확인하기 위해 '야후 파이낸스(Yahoo Finance)' 사이트를 활용할 수 있습니다. 먼저 사이트에서 S&P 500을 추종하는 SPY ETF를 검색한 뒤, 차트 화면의 비교(Comparison) 기능을 이용해 비교 대상인 초단기 채권 ETF, BIL을 추가합니다. 이렇게 두 자산의 1년 수익률을 비교했을 때 SPY의 수익률이 더 높다면 공격적인 투자를, 그렇지 않다면 현금 또는 단기 국채(SHY)에 투자하여 방어적인 자세를 취하는 것이 이 전략의 핵심입니다. 현재 시점을 기준으로 듀얼 모멘텀 전략에 따르면 어떤 자산에 투자해야 하는지 위의 방법에 따라 직접 실습해보시기 바랍니다.

PAA 전략 실습: 백테스팅 템플릿 활용하기

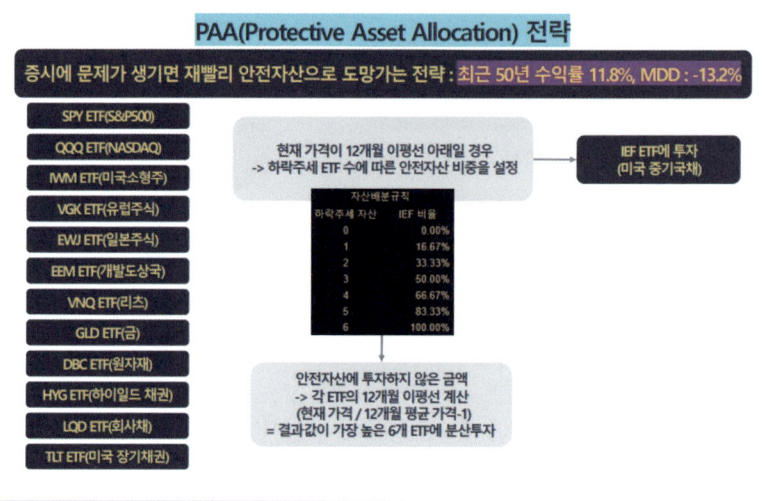

PAA(Protective Asset Allocation) 전략

증시에 문제가 생기면 재빨리 안전자산으로 도망가는 전략 : 최근 50년 수익률 11.8%, MDD : -13.2%

SPY ETF(S&P500)
QQQ ETF(NASDAQ)
IWM ETF(미국소형주)
VGK ETF(유럽주식)
EWJ ETF(일본주식)
EEM ETF(개발도상국)
VNQ ETF(리츠)
GLD ETF(금)
DBC ETF(원자재)
HYG ETF(하이일드 채권)
LQD ETF(회사채)
TLT ETF(미국 장기채권)

현재 가격이 12개월 이평선 아래일 경우
-> 하락추세 ETF 수에 따른 안전자산 비중을 설정

IEF ETF에 투자
(미국 중기국채)

자산배분 규칙

하락추세 자산	IEF 비율
0	0.00%
1	16.67%
2	33.33%
3	50.00%
4	66.67%
5	83.33%
6	100.00%

안전자산에 투자하지 않은 금액
-> 각 ETF의 12개월 이평선 계산
(현재 가격 / 12개월 평균 가격-1)
= 결과값이 가장 높은 6개 ETF에 분산투자

다음으로 PAA 전략은 시장 하락 시 신속하게 안전자산으로 이동하여 손실을 방어하는 데 중점을 둡니다. 이 전략은 과거 50년간 연평균 11.8%의 수익률과 최대 13.2%의 낮은 손실폭을 기록하며 안정성을 입증했습니다. 핵심 원칙은 각 자산의 현재 가격이 12개월 이동평균선 아래에 있는지(하락 추세)를 판단하고, 하락 추세인 자산의 개수에 따라 안전자산 비중을 조절하며, 나머지는 모멘텀 점수가 높은 상위 6개 자산에 분산 투자하는 것입니다.

이러한 규칙을 효과적으로 적용하고 검증하기 위해 PAA 전략 템플릿을 활용할 수 있습니다. 템플릿에 원하는 과거 날짜를 입력하면 해당 시점에서 투자해야 할 자산과 비중이 자동으로 표시됩니다. 또한 매월 1일 리밸런싱을 실행하여 한 달간의 수익률을 계산하고, 과거 특정 시점의 데이터를 통해 전략의 실제 성과를 검증하는 백테스트 기능도 포함되어 있습니다. 아래 자료는 PAA 자산 배분 전략을 실전 투자에 활용할 수 있도록 만든 템플릿으로, 이어지는 설명에 따라 진행해주시기 바랍니다.

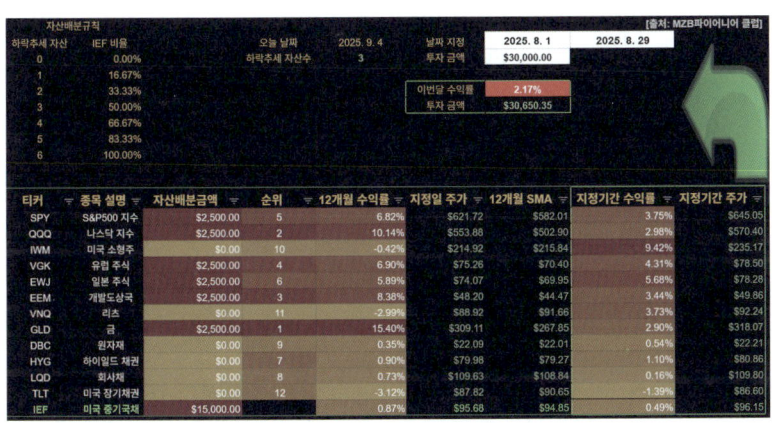

티커	종목 설명	자산배분금액	순위	12개월 수익률	지정일 주가	12개월 SMA	지정기간 수익률	지정기간 주가
SPY	S&P500 지수	$2,500.00	5	6.82%	$621.72	$582.01	3.75%	$645.05
QQQ	나스닥 지수	$2,500.00	2	10.14%	$553.88	$502.90	2.98%	$570.40
IWM	미국 소형주	$0.00	10	-0.42%	$214.92	$215.84	9.42%	$235.17
VGK	유럽 주식	$2,500.00	4	6.90%	$75.26	$70.40	4.31%	$78.50
EWJ	일본 주식	$2,500.00	6	5.89%	$74.07	$69.95	5.68%	$78.28
EEM	개발도상국	$2,500.00	3	8.38%	$48.20	$44.47	3.44%	$49.86
VNQ	리츠	$0.00	11	-2.99%	$88.92	$91.66	3.73%	$92.24
GLD	금	$2,500.00	1	15.40%	$309.11	$267.85	2.90%	$318.07
DBC	원자재	$0.00	9	0.35%	$22.09	$22.01	0.54%	$22.21
HYG	하이일드 채권	$0.00	7	0.90%	$79.98	$79.27	1.10%	$80.86
LQD	회사채	$0.00	8	0.73%	$109.63	$108.84	0.55%	$109.80
TLT	미국 장기채권	$0.00	12	-3.12%	$87.82	$90.65	-1.39%	$86.60
IEF	미국 중기국채	$15,000.00		0.87%	$95.68	$94.85	0.49%	$96.15

1) 시작일 입력: 시작일을 기준으로 어떤 자산에 배분해야 하는지 계산해줍니다. 리밸런싱 주기를 월 1회로 진행한다면 매월 1일을 기준으로 어떤 자산에 얼만큼 배분할지 확인할 수 있습니다. 시작일을 과거 특정 시점으로 적용(예: 팬데믹 시기)해서 과거 하락장에서는 어떤 자산에 배분해야 했는지 백테스트를 해볼 수도 있습니다.

2) 종료일 입력: 시작일부터 종료일까지의 수익률을 계산하고 싶을

때 입력할 수 있습니다. 위의 템플릿의 경우 시작일이 2025년 8월1일, 종료일이 2025년 8월 29로 입력되어 있으며, 8월 1일 기준으로 투자한 자산들의 1개월 수익률을 확인할 수 있습니다.

3) 투자 금액: 투자 금액을 입력하면 시작일 기준으로 PAA 자산 배분 전략 규칙에 따라 템플릿이 자동으로 자산 배분 금액을 계산해줍니다.

템플릿의 자세한 활용 방법에 대해서는 영상을 참고하는 것이 더욱 효율적입니다. 좌측의 링크를 클릭하면 해당 영상을 볼 수 있습니다.

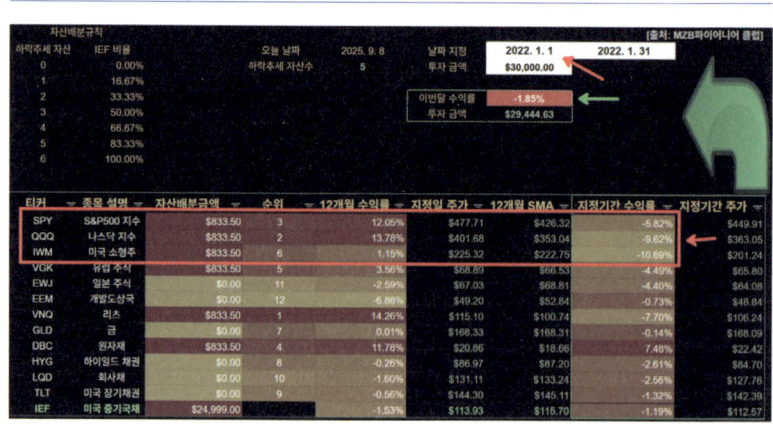

2022년 1월 1일을 기준으로 템플릿을 통해 PAA 전략을 적용해보겠습니다. 당시 하락 추세에 있던 자산은 5개로 계산되었고, 이에 따라 전체 투자금의 83.33%를 안전자산에 배분해야 한다는 결과가 나왔습니다. 이 전략을 따랐을 때 2022년 1월 한 달간의 수익률은 -1.85%였습니다. 같은 기간 동안 S&P 500이 -5.82%, 나스닥(QQQ)이 -9.62% 하락한 것과 비교하면, PAA 전략이 시장의 큰 손실을 효과적으로 방어했음을 확인할 수 있습니다.

PAA 전략의 장점과 단점

PAA 전략은 여러 장점을 가집니다. 가장 큰 장점은 시장이 급락하는 하락장에서 손실을 효과적으로 방어할 수 있다는 점입니다. 또한 모든 투자 결정이 정해진 규칙에 따라 기계적으로 이루어지므로 감정에 휘둘리지 않고 객관적인 투자를 할 수 있으며, 과거 데이터를 활용한 백테스트를 통해 전략의 유효성을 직접 검증할 수 있다는 것도 큰 강점입니다.

물론 단점도 존재합니다. 시장이 급격히 반등할 때 전략의 특성상 한두 달 늦게 반응하여 상승장에서의 수익률이 시장 평균보다 다소 낮아지는 기회비용이 발생할 수 있습니다. 더불어, 매월 1회 포트폴리오를 점검하고 리밸런싱을 실행해야 하므로 꾸준한 관리가 필요하다는 점도 고려해야 합니다.

자산배분규칙	
하락추세 자산	IEF 비율
0	0.00%
1	16.67%
2	33.33%
3	50.00%
4	66.67%
5	83.33%
6	100.00%

오늘 날짜 2025. 9. 8 | 하락추세 자산수 6

날짜 지정 2020. 3. 2 | 2020. 3. 31
투자 금액 $30,000.00
이번달 수익률 3.79%
투자 금액 $31,138.07

티커	종목 설명	자산배분금액	순위	12개월 수익률	지정일 주가	12개월 SMA	지정기간 수익률	지정기간 주가
SPY	S&P500 지수	$0.00	5	2.82%	$309.09	$300.61	-16.61%	$257.75
QQQ	나스닥 지수	$0.00	2	10.80%	$216.42	$195.33	-12.02%	$190.40
IWM	미국 소형주	$0.00	9	-3.41%	$151.03	$156.36	-24.21%	$114.46
VGK	유럽 주식	$0.00	10	-3.46%	$53.14	$55.04	-18.55%	$43.28
EWJ	일본 주식	$0.00	11	-4.72%	$53.63	$56.29	-7.91%	$49.39
EEM	개발도상국	$0.00	8	-2.69%	$41.40	$42.55	-17.56%	$34.13
VNQ	리츠	$0.00	6	0.43%	$91.06	$90.67	-23.29%	$69.85
GLD	금	$0.00	3	10.02%	$149.20	$135.62	-0.77%	$148.05
DBC	원자재 채권	$0.00	12	-10.05%	$13.92	$15.48	-19.18%	$11.25
HYG	하이일드 채권	$0.00	7	-0.61%	$86.31	$86.84	-10.71%	$77.07
LQD	회사채	$0.00	4	5.50%	$131.70	$124.83	-6.22%	$123.51
TLT	미국 장기채권	$0.00	1	13.64%	$153.94	$135.46	7.17%	$164.97
IEF	미국 중기국채	$30,000.00		6.22%	$117.04	$110.18	3.79%	$121.48

실습 과제: 2020년 코로나 위기 백테스팅

이제 직접 실습해볼 차례입니다. PAA 전략 템플릿을 활용하여 2020년 팬데믹으로 인한 시장 충격 시기를 대상으로 백테스트를 진행해보시기 바랍니다. '내가 실제로 이 전략을 2020년에 돌렸다면 심리적으로 따라갈 수 있었을까?'까지 함께 질문해보면 백테스트가 단순한 숫자 놀음이 아닌, 나만의 중요한 전략 검증이 될 것입니다.

위 템플릿에서 시작일과 종료일의 의미는 2020년 3월 2일을 기준으로 하락추세 자산 수가 6으로 되어 있어, 모든 자산을 IEF(미국 중기 국채)에 투자했음을 가리킵니다. 3월 한 달간 PAA 전략의 수익률은 3.79%였고, S&P 500은 -16.61%, 나스닥은 -12.02% 하락했습니다. 결과적으로 팬데믹 시기에 자산을 지켰음을 확인할 수 있습니다.

투자 고수들의 포트폴리오 2

지난 실습에 이어 투자 대가들의 포트폴리오 전략을 직접 따라 해보는 시간을 갖겠습니다. 특히 해리 브라운(Harry Browne)의 영구 포트폴리오에서 파생된 'LAA(Lethargic Asset Allocation)' 전략과 'VAA(Vigilant Asset Allocation)' 전략에 대해 자세하게 알아보고, 관련 템플릿을 활용하여 실습해보겠습니다.

LAA 전략의 구조와 원리

LAA 전략은 해리 브라운의 영구 포트폴리오 개념에서 출발한 것으

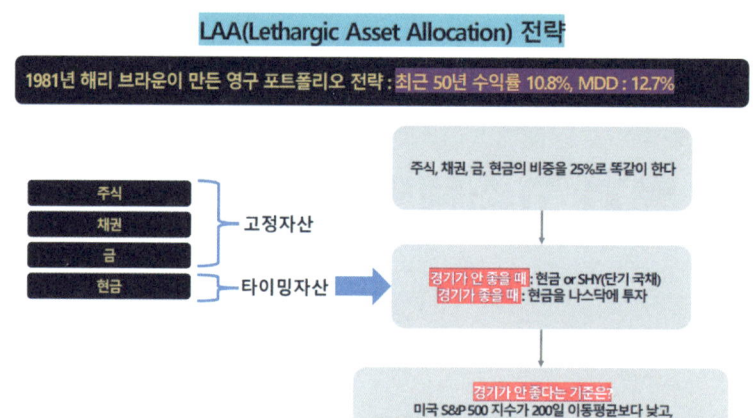

LAA(Lethargic Asset Allocation) 전략

1981년 해리 브라운이 만든 영구 포트폴리오 전략 : 최근 50년 수익률 10.8%, MDD : 12.7%

주식
채권
금 — 고정자산
현금 — 타이밍자산

주식, 채권, 금, 현금의 비중을 25%로 똑같이 한다

경기가 안 좋을 때 : 현금 or SHY(단기 국채)
경기가 좋을 때 : 현금을 나스닥에 투자

경기가 안좋다는 기준은?
미국 S&P 500 지수가 200일 이동평균보다 낮고,
실업률이 최근 12개월 평균보다 위라면 경제가 안 좋다고 가정

로, 주식, 채권, 금, 현금이라는 네 가지 자산에 각각 25%의 비중으로 동일하게 배분하는 것을 기본 구조로 합니다. 이 전략의 핵심은 '타이밍 자산'으로 불리는 현금 비중을 경기 상황에 따라 유연하게 조정하는 데 있습니다.

경기 판단 기준은 두 가지입니다. 첫째는 S&P 500 지수가 200일 이동평균선보다 낮은지, 둘째는 미국 실업률이 최근 12개월 평균보다 높은지를 확인합니다. 만약 이 두 조건이 동시에 충족되면 경기가 나쁘다고 판단하여 현금성 자산을 단기 국채 ETF인 SHY로 유지하여 방어적인 자세를 취합니다. 반면 두 조건 중 하나라도 충족되지 않으면 경기가 좋다고 보고, 현금성 자산을 나스닥 지수 ETF에 투자하여 더 높은 수익을 추구합니다.

이러한 LAA 전략을 실행하기 위해서는 필요한 데이터를 직접 확인하는 과정이 필요합니다. S&P 500 지수의 200일 이동평균선은 '핀비즈(FinViz)'나 '스톡차트닷컴(StockCharts.com)'과 같은 금융 정보 사이트에서 쉽게 확인할 수 있습니다. 다음으로, 미국의 실업률 데이터는 미국 연방준비제도에서 제공하는 'FRED(Federal Reserve Economic Data)' 사이트에서 조회하여 최근 12개월 평균과 비교하면 됩니다. 이렇게 두 가지 기준을 통해 경기 상황을 판단한 뒤, 결과에 따라 타이밍 자산을 SHY 또는 나스닥 ETF로 배분합니다. 이 전략의 리밸런싱 주기는 고정자산인 주식, 채권, 금에 대해서는 연 1회, 그리고 경기 상황에 따라 변동하는 타이밍 자산에 대해서는 월 1회 점검하는 것을 원칙으로 합니다.

VAA 전략이란 무엇인가?

VAA(Vigilant Asset Allocation) 전략은 바우터 켈러(Wouter Keller) 교수가 고안한 것으로, 과거 50년간 연평균 17.7%라는 높은 수익률을 기록했습니다. 이 전략의 핵심은 시장의 모멘텀을 정량적으로 측정하여 포트폴리오를 유연하게 조정하는 데 있습니다. VAA 전략은 미리 정해진 4개의 공격형 자산(SPY, EFA, EEM, AGG)과 3개의 안전자산(LQD, IEF, SHY)을 활용합니다. 이들 자산에 대해 최근 1, 3, 6, 12개월 수익률에 각각 가중치를 부여하는 '모멘텀 스코어'를 계산합니다. 공식은 다

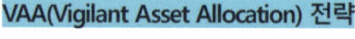

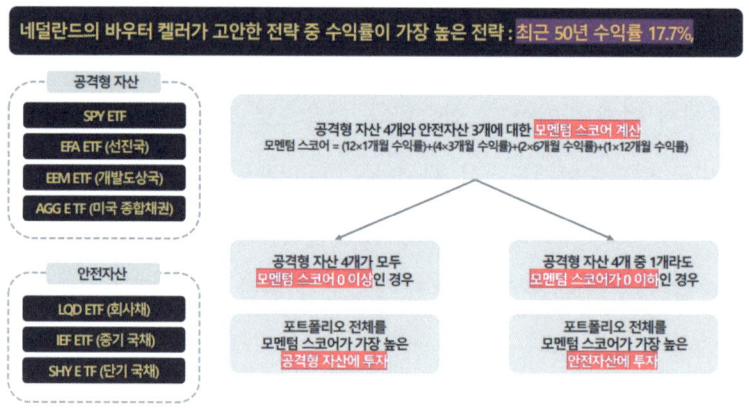

음과 같습니다.

$$（12 × 1개월 수익률) + (4 × 3개월 수익률) + (2 × 6개월 수익률)$$
$$+ (1 × 12개월 수익률)$$

　투자 결정은 매우 명확한 규칙을 따릅니다. 매월 점검 시 4개의 공격형 자산 모두의 모멘텀 스코어가 0 이상일 경우에만, 그중 가장 점수가 높은 공격형 자산 하나에 모든 자산을 투자합니다. 만약 공격형 자산 중 단 하나라도 모멘텀 스코어가 0 이하라면 시장이 불안정하다고 판단하고 즉시 포트폴리오 전체를 3개의 안전자산 중 모멘텀 스코어가 가장 높은 자산으로 이동시킵니다.

VAA 전략 실습과 성과 분석

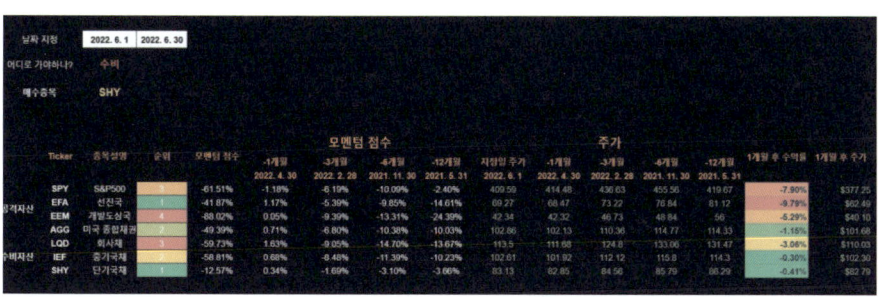

이 전략은 제가 만든 VAA 전략 템플릿을 통해 쉽게 실습해볼 수 있습니다. 템플릿에 원하는 기간을 입력하면 시작일 기준으로 각 자산의 모멘텀 스코어가 자동으로 계산되어 공격적 투자와 방어적 투자 여부를 판단해줍니다. 예를 들어, 시장이 크게 하락했던 2022년 한 해 동안 VAA 전략은 연초부터 연말까지 계속해서 방어자산(SHY)을 보유하라는 신호를 보냈고, 그 결과 하락장에서의 손실을 효과적으로 최소화하는 성과를 보여주었습니다.

정리하자면 LAA 전략은 경기 상황에 맞춰 자산을 배분하는 장기적인 안정성에, VAA 전략은 시장 모멘텀을 기반으로 한 동적인 자산 전환에 중점을 둡니다. 두 전략 모두 매월 또는 매년 정해진 주기에 따라 리밸런싱을 실행하는 것을 원칙으로 합니다. 워런 버핏이 마켓 타이밍보다 자산 배분 전략이 더 중요하다고 강조했듯이, 중요한 것은 다양한 전략을 참고하여 자신의 투자 스타일에 맞는 포트폴리오를 구축하는 것입니다.

나만의 포트폴리오 만들기

포트폴리오 템플릿

| | | | | | | 날짜 | 2025. 1. 5 | | | | | | |
| | | | | | | 투자금액 | $50,000.00 | | | | | | |
자산군		티커	종목설명	목표비중	목표비율	목표 투자금액	매수가	매수 주식수	투자 기간	목표주가	투자 참고	수익률	투자 이유
주식	AI	QCOM	퀄컴	8	7.74%	$3,870.97	$163.30	24	2	$298.00	$7,063.98	82.49%	
		AVGO	브로드컴	6	5.81%	$2,903.23	$340.20	9	2	$2,204.00	$16,808.67	547.85%	
		NVDA	엔비디아	3	2.90%	$1,451.61	$178.88	8	2	$897.00	$7,279.16	401.45%	
	중소형	PLTR	팔란티어	4	3.87%	$1,935.48	$154.85	12	2	$26.63	$332.65	-82.80%	
		SNOW	스노우플레이크	5	4.84%	$2,419.35	$234.03	10	2	$428.61	$4,430.88	83.14%	
		SNPS	시높시스	2	1.94%	$967.74	$388.36	2	2	$963.91	$2,401.94	148.20%	
	글로벌	EEM	이머징마켓	2	1.94%	$967.74	$53.10	18	2	$63.72	$1,161.29	20.00%	
		FXI	중국대형주	1	0.97%	$483.87	$38.72	12	2	$46.46	$580.65	20.00%	
채권		TLT	30년이상 채권	3	37.50%	$18,750.00	$89.50	209	2	$130.00	$27,234.64	45.25%	
		TMF	TLT 3배		12.50%	$6,250.00	$40.44	155	2	$115.00	$17,773.24	184.37%	
리스크헤지		GLD	금	2	13.33%	$6,666.67	$374.27	18	1	$411.70	$7,333.33	10.00%	
		UCO	원유		6.67%	$3,333.33	$19.74	169	1	$22.70	$3,833.33	15.00%	
					100.00%	$50,000.00					$98,233.97	96.47%	

포트폴리오란 단순히 여러 자산을 섞어놓는 것이 아니라, 개인의 투자 성향과 목표를 체계적으로 반영하여 구성하는 것입니다. 직접 나만의 포트폴리오를 구성하고, 백테스트를 통해 그 실질적인 수익률을 평가하는 과정을 알아보겠습니다. 관련 포트폴

리오는 QR 코드를 통해 다운받을 수 있습니다. (구글 크롬 상단의 파일 → 사본 만들기로 저장 후 이용해주세요.)

1단계: 자산군 및 종목 구성하기

주어진 포트폴리오 양식에 투자할 자산군, 예를 들어 지수형, 섹터형, 테마형 등을 구분하고 그에 속할 개별 종목을 입력합니다. 제시되는 예제는 참고용이므로 자신의 투자 성향과 목표에 맞춰 종목을 자유롭게 조정하고, 향후 백테스트를 통해 최적의 구성을 찾아가는 것이 중요합니다.

2단계: 자산군별 비중 설정하기

다음으로 포트폴리오 내에서 각 자산군이 차지할 비중을 설정합니다. 이때 각 자산군 비중의 합은 반드시 10이 되도록 조정해야 합니다. 예를 들어, 코어 세틀라이트 전략을 적용한다면 포트폴리오의 중심이 되는 코어 자산군에는 안정적인 지수형 및 배당형 ETF를, 높은 성장을 노리는 세틀라이트 자산군에는 개별 종목이나 테마형 ETF를 포함시킬 수 있습니다.

3단계: 세부 종목별 비중 조정 및 목표 설정

자산군별 큰 비중이 정해졌다면 그 안에서 세부 종목별 비중을 다시 조정합니다. 가령 코어 자산 내에서 SPY에 40%, QQQ에 30%, SCHD에 30%를 배분하는 식으로 구체적인 계획을 세울 수 있습니다.

이와 함께 자신의 투자 목표를 반영하여 연간 목표 수익률을 설정하고, 초기 투자금과 추가 투자금을 입력하여 복리 계산기를 통해 장기적인 자산 성장을 예측해봅니다.

이번 장에서 제공한 포트폴리오 템플릿은 주식을 처음 시작하는 분들을 위해 만든 난도 하의 템플릿입니다. 뒤에서 나올 적정 주가 템플릿을 활용한 포트폴리오 템플릿은 난도 상의 템플릿입니다. 계속해서 차근차근 공부하시면서 따라와주시기 바랍니다.

기업의 주가를 판단하는 법 1

지금까지 ETF 위주로 투자 전략을 세우거나 포트폴리오를 구성하는 형태를 공부했습니다. 이제는 ETF가 아닌 개별 종목에 투자하고자 하는 경우에 어떤 것들을 점검해야 하는지 알아보겠습니다. 개별 종목 투자에서 성공과 실패를 가르는 가장 중요한 질문은 "이 기업의 현재 주가가 과연 적정한가?"입니다. 단순히 유명한 기업이라는 이유만으로 투자하는 것이 아니라 해당 기업의 가치가 현재 주가에 비해 저평가되었는지, 혹은 고평가되었는지를 분석하는 것이 필수적입니다. 이번 장에서는 적정 주가를 직접 계산하는 방법을 배우며, 가치를 평가하는 능력을 길러보겠습니다.

부동산과 주식 투자, 다르지만 같은 길

부동산 매매 과정	체크 사항	주식 매매 과정	체크 사항
부동산 중개인 미팅	매물 소개, 시세 문의	×	×
현장 방문	물이 새는 곳은 없는지?	기업 홈페이지 방문	사업 계획서 등을 열람
집주인(세입자) 미팅	층간 소음은 없는지 등 문의	홈페이지 및 기사 검색	사업 계획서 등을 열람
현장 주변 답사	교통, 학군, 대형 마트 유무	기업의 산업군 전망	유망한 산업인가?
향후 상승 여부 검토	과거 실거래 시세 등 조회	기업의 미래 전망 분석	매출/이익이 앞으로 오를까?
등기부 등본 열람	근저당 유무 등 점검	기업의 재무제표 열람	매출/이익 내역, 부채 비율 등 점검
가격 흥정	"이사비만 빼주세요."	투자 기업의 가치 산정	투자지표 분석, 동종업계와 비교
계약	등기이전 등 행정 작업	×	×

많은 분들이 수억 원짜리 부동산을 살 때는 몇 달간 발품을 팔며 꼼꼼히 조사하지만, 주식은 단 몇 분 만에 결정하곤 합니다. 그러나 부동산과 주식 투자의 본질은 같습니다. 부동산을 사든 주식을 사든 '이 가격이 합당한가?'를 판단하는 과정이 반드시 필요합니다. 부동산 투자를 할 때 거치는 신중한 검토 과정을 주식 투자에 어떻게 적용할 수

있는지 단계별로 살펴보겠습니다.

1단계: 정보 수집(부동산 중개인과 증권사 리포트)

부동산 투자를 위해 중개인을 만나 시세와 매물 정보를 확인하고 유망 지역을 추천받는 것처럼, 주식 투자에서도 증권사 리포트, 경제 뉴스, 관련 서적 등을 통해 투자할 기업 후보군을 선별하는 과정이 필요합니다.

2단계: 현장 답사(건물 점검과 제품 경험)

관심 있는 아파트를 직접 방문하여 벽지의 상태나 누수 여부, 일조량과 소음까지 꼼꼼히 점검하는 현장 답사 역시 주식 투자에 그대로 적용할 수 있습니다. 애플에 투자하고 싶다면 아이폰이나 맥북을 직접 사용해보며 경쟁력을 몸소 체험하는 것이 좋은 현장 답사가 될 수 있습니다. 또한, 기업의 홈페이지에 방문하여 사업 보고서나 연차 보고서를 확인하며 회사의 건강 상태를 점검하는 것 역시 필수적인 과정입니다.

3단계: 내부자 정보 파악(집주인과 CEO)

부동산을 살 때 실제 거주하고 있는 집주인이나 세입자와 대화하며 관리비나 이웃 관계 등 숨겨진 정보를 파악하는 것처럼 주식 투자에서도 경영진의 정보를 파악하는 것이 중요합니다. 기업의 대표이사를 직접 만날 수는 없어도 언론에 공개된 CEO 인터뷰 기사나 기업의 공식 발표 자료, 경영진의 과거 이력 등을 통해 많은 것을 알 수 있습니다. 특히 CEO가 주주 친화적인 성향을 가졌는지, 기업을 꾸준히 성장시켜온 인물인지 등을 분석하는 것은 투자의 성패를 가를 수 있는 중요한 단서가 됩니다.

4단계: 주변 환경과 개발 호재 분석(기업의 성장 가능성)

부동산의 가치는 건물 자체뿐만 아니라 지하철역과의 거리, 주변 인프라, 신도시 개발 계획과 같은 '개발 호재'에 따라 크게 달라집니다. 주식 투자에서도 이와 마찬가지로 기업의 성장 가능성을 분석하는 것이 매우 중요합니다. 해당 기업이 속한 산업 자체가 성장하고 있는지, 새로운 시장을 개척하고 있는지, 혹은 혁신적인 신제품 출시가 예정되어 있는지를 살펴보는 것이 바로 기업의 개발 호재를 분석하는 과정입니다. 예를 들어 전기차 시장의 성장을 예상한다면 테슬라와 같은 기업이, 반도체 시장의 지속적인 성장을 본다면 삼성전자나 TSMC가 유망한 투자처가 될 수 있습니다.

5단계: 실거래가 비교(기업 가치 평가)

부동산을 구입하기 전에 최근 실거래가와 유사 매물을 비교하여 가격의 적정성을 판단하듯이, 주식 투자에서도 '이 가격이 적절한가?'를 반드시 물어야 합니다. 이를 위해 'PER(주가수익비율)'이나 'PBR(주가순자산비율)'과 같은 가치 평가 지표를 활용하여 현재 주가가 기업의 내재가치에 비해 저평가되었는지 혹은 고평가되었는지를 분석할 수 있습니다. 특히 같은 업종의 경쟁사들과 이러한 지표들을 비교하면 더욱 정확한 판단이 가능해집니다.

6단계: 등기부 등본 확인(재무제표 분석)

부동산 계약 전 등기부 등본을 열람하여 근저당이나 소유권 분쟁 같은 법적 문제가 없는지 확인하는 것은 필수입니다. 주식 투자에서도 기업의 재무제표를 통해 재무 건전성을 반드시 점검해야 합니다. 기업이 과도한 부채를 지고 있는지(부채 비율), 현금 흐름은 원활한지, 영업 이익은 꾸준히 증가하는지를 확인하는 것은 등기부 등본을 확인하는 것만큼이나 중요한 과정입니다.

7단계: 가격 협상과 최종 계약(매수 타이밍 조절)

모든 조사를 마친 부동산 투자의 마지막 단계가 가격 협상과 최종 계약인 것처럼, 주식 투자에서도 최종적으로 '언제 살 것인가'를 결정해야 합니다. 분석 결과 현재 주가가 너무 비싸다고 판단된다면 조정을 기다려 더 낮은 가격에 매수하는 전략이 필요합니다. 반대로 기업 가치에 비해 주가가 매력적인 수준이라면 적극적으로 매수하는 결정을 내릴 수 있습니다.

부동산 투자와 주식 투자는 본질적으로 매우 유사한 분석 과정을 필요로 합니다. 앞으로는 주식을 매수할 때도 마치 좋은 집을 고르듯, 충분한 조사를 거쳐 신중하게 결정하는 투자 습관을 기르는 것이 장기적인 성공의 열쇠가 될 것입니다.

기업의 적정 주가 계산하기

(1) 적정 주가 공식

기업의 적정 주가를 산정하는 데는 수많은 방법이 있습니다. 여기서는 가장 쉽게 이해할 수 있는 부분을 다루겠습니다.

적정 주가 = EPS × PER

EPS(Earnings Per Share, 주당순이익): 기업의 순이익을 총 발행 주식 수로 나눈 값으로, 한 주당 얼마나 이익을 내고 있는지 보여줍니다.

PER(Price-to-Earnings Ratio, 주가수익비율): 시장에서 해당 기업의 이익 대비 주가가 몇 배로 평가되고 있는지 나타내는 지표입니다.

이 두 지표를 활용하면 기업의 이익 수준과 시장의 기대치를 동시에 반영하여 적정 주가를 산출할 수 있습니다. 특히 예상 EPS와 합리적인 PER을 곱하는 방식은 계산이 간단하면서도 직관적이기 때문에 투자자들이 가장 흔히 활용하는 방법입니다. 예를 들어 EPS가 5,000원이고 목표 PER이 12배라면 적정 주가는 EPS와 PER을 곱한 60,000원이 됩니다. 주식의 가치를 평가하는 방식은 이 외에도 다양합니다. 대표적인 예로는 다음과 같은 방법이 있습니다.

1) 할인현금흐름법(DCF; Discounted Cash Flow)

기업이 앞으로 벌어들일 것으로 예상되는 현금 흐름을 현재 가치로 환산하여 기업 가치를 추정하는 방식입니다. 이론적으로 가장 정교한 방법 중 하나로 꼽히지만, 미래의 매출·비용·투자 규모 등을 장기간에 걸쳐 예측해야 하기 때문에 일반 개인 투자자가 정확하게 적용하기는 쉽지 않습니다.

2) 배당할인모형(DDM; Dividend Discount Model)

기업이 앞으로 지급할 배당금을 현재 가치로 환산해 주가를 평가하는 방법입니다. 하지만 꾸준히 배당을 지급하는 안정적인 기업에만 적용할 수 있고, 배당 정책이 불확실한 성장주에는 적합하지 않다는 한계가 있습니다.

3) 순자산가치법(PBR 활용)

기업의 장부상 자산가치(순자산)를 기준으로 주가의 고평가·저평가 여부를 판단하는 방식입니다. 다만 자산가치가 기업의 실제 경쟁력이나 성장 가능성을 충분히 반영하지 못한다는 점에서 단독으로 쓰이기에는 한계가 있습니다.

이처럼 다양한 방식이 존재하지만 공통적으로 복잡한 가정과 많은 자료가 필요하다는 어려움이 있습니다. 특히 DCF나 DDM은 전문가들도 계산 과정에서 여러 전제를 두고 가정치를 설정하기 때문에 일반 투자자 입장에서는 접근하기 쉽지 않은 것이 사실입니다.

반면 EPS와 PER을 활용한 방식은 계산이 단순하고 직관적입니다. 증권사 리포트, 뉴스 기사, 심지어 일반 투자자 커뮤니티에서도 흔히 사용될 정도로 대중적인 방법입니다. 물론 PER 자체가 시장의 심리를 반영하기 때문에 완전히 객관적인 수치라고 볼 수는 없습니다. 그러나 동종업계의 평균 PER이나 비슷한 기업의 PER을 참고하면 특정 기업이 고평가되었는지 저평가되었는지를 손쉽게 비교할 수 있다는 장점이 있습니다. 결국, EPS×PER 방식은 복잡한 계산이 부담스러운 개인 투자자에게 가장 현실적이고 실용적인 가치 평가 방법이라고 할 수 있습니다.

주요 투자지표 이해하기

적정 주가를 계산하기 위해 반드시 알아야 할 여러 투자지표들이 있습니다. 어려운 용어들을 알기 쉬운 치킨집 창업 사례를 통해 하나씩 살펴보겠습니다. 자기자본 1억 원에 은행 대출 5천만 원을 더해 총 1억 5천만 원으로 치킨집을 창업했다고 가정해보겠습니다. 1년 후, 모든 비용을 제외하고 순이익 3천만 원, 총매출 3억 원을 기록했습니다.

1) ROE(Return On Equity, 자기자본이익률)

$$ROE = \frac{순이익}{자기자본} \times 100 \qquad 30\% = \frac{3천만\ 원}{1억\ 원} \times 100$$

ROE는 자기자본을 얼마나 효율적으로 활용해 이익을 냈는지 보여주는 지표입니다. 예를 들어 순이익이 3천만 원이고, 내 돈(자기자본)이 1억 원이라면 1억 원을 투자해 1년 동안 30%의 수익을 올렸다는 의미입니다. ROE는 기업의 수익 창출 능력을 평가하는 데 핵심적인 지표입니다. 일반적으로 ROE가 높을수록 투자자가 투입한 자본을 더 효과적으로 활용하고 있다는 뜻입니다. 동일한 업종에 속한 두 기업이 있다면 ROE가 더 높은 기업이 같은 돈으로 더 많은 이익을 내고 있다고 볼 수 있습니다. 하지만 ROE를 해석할 때는 몇 가지 주의할 점이 있습니다.

부채(레버리지) 효과: 기업이 빚을 많이 내어 사업을 확장하면 단기적으로 ROE가 높아질 수 있습니다. 그러나 이는 안정적인 수익 창출 능력이라기보다는 위험을 감수한 결과일 수도 있습니다.

지속 가능성: 일시적인 특수 요인(일회성 이익, 자산 매각 등)으로 ROE가 높아질 수도 있습니다. 따라서 ROE가 꾸준히 높은 기업인지, 장기적으로 안정적으로 유지되는지를 함께 살펴야 합니다.

ROE는 단순히 숫자 하나로 끝나는 것이 아니라, 그 기업이 얼마나 안정적이고 지속적으로 자기자본을 잘 활용하는가를 보여주는 중요한 지표입니다. 투자자는 ROE를 다른 지표(PER, PBR, PSR 등)와 함께 종합적으로 검토해야 기업의 진짜 가치를 파악할 수 있습니다.

2) POA(Return On Assets, 총자산이익률)

$$ROA = \frac{순이익}{총자산} \times 100 \qquad 20\% = \frac{3천만\ 원}{1억\ 5천만\ 원} \times 100$$

ROA는 빌린 돈까지 포함한 기업의 전체 자산을 얼마나 효율적으로 활용했는지 보여주는 지표입니다. 예를 들어, 순이익이 3천만 원이고 총자산이 1억 5천만 원이라면, 이 치킨집이 자기 돈(자본)뿐만 아니라 빌린 돈(부채)까지 포함한 모든 자산을 활용해 1년 동안 20%의 수익을 냈다는 의미입니다. ROA는 기업 전체의 경영 효율성을 보여주는 지표로, 단순히 자기자본만 본 ROE보다 종합적인 시각을 제공합니다. 투자자는 ROA를 통해 '이 회사가 가진 모든 자산이 제대로 돈을 벌고 있는가?'를 확인할 수 있습니다. 하지만 ROA 역시 해석할 때 주의할 부분이 있습니다.

업종별 차이: 은행·보험사 같은 금융업은 자산 규모가 크기 때문에 ROA 수치가 일반 제조업보다 낮게 나오는 것이 보통입니다. 따라서

업종 특성을 고려해야 합니다.

부채 구조: ROE는 부채를 많이 활용하면 높아질 수 있지만, ROA는 부채를 늘린다고 해서 같은 속도로 높아지지 않습니다. 오히려 무리한 차입으로 이자 비용이 늘어나면 ROA가 낮아질 수도 있습니다.

ROE와의 비교: 일반적으로 ROE가 ROA보다 항상 높습니다. 두 지표의 차이가 크다면 그만큼 부채 의존도가 높다는 뜻이 됩니다.

ROA는 자산 전체의 효율성, ROE는 자기자본의 효율성을 보여주는 지표입니다. 두 지표를 함께 보면 기업이 자기 돈과 빌린 돈을 각각 얼마나 잘 굴리고 있는지를 종합적으로 파악할 수 있습니다.

3) PER(Price-to-Earnings Ratio, 주가수익비율)

$$PER = \frac{가게(기업)\ 가치}{순이익} \qquad 6.7배 = \frac{2억\ 원}{3천만\ 원}$$

PER은 기업의 이익 대비 주가가 몇 배로 평가되고 있는지를 보여주는 지표입니다. 다시 말해, 내가 이 회사를 지금 가격에 사면 회사가 벌어들이는 순이익을 통해 투자금을 몇 년 만에 회수할 수 있는지 가늠할 수 있습니다. 예를 들어, 치킨집을 2억 원에 매각한다고 할 때 시가총액은 2억 원이 됩니다. 이를 연간 순이익 3천만 원으로 나누면 약 6.7배가 나오는데, 이것이 PER입니다. PER이 높다는 것은 시장이 기업의 성장 가능성을 높게 평가한다는 뜻일 수 있습니다. 그러나 반대로 현재 이익 대비 주가가 비싸게 형성되어 있다는 신호일 수도 있습니다.

PER이 낮다는 것은 저평가로 볼 수도 있지만 시장에서 성장성이 낮거나 위험 요인이 크다고 보는 경우일 수도 있습니다. 따라서 PER은 단순히 높고 낮음을 기준으로 판단하기보다는 동종업계 평균 PER과 비교하거나, 기업의 성장 전망을 함께 고려해야 올바른 해석이 가능합니다.

4) PBR(Price-to-Book Ratio, 주가순자산비율)

$$PBR = \frac{가게(기업)\ 가치}{자기자본} \qquad 2배 = \frac{2억\ 원}{1억\ 원}$$

PBR은 장부상 순자산 대비 주가가 몇 배인지 보여줍니다. 치킨집의 경우 기업 가치가 2억 원이고, 순자산(자기자본)이 1억 원이라면 PBR은 2배입니다. 이는 시장에서 순자산보다 두 배의 가치를 인정하고 있다는 의미입니다. PBR이 1보다 크면 시장이 장부 가치 이상으로 프리미엄을 주고 있다는 뜻이며, PBR이 1보다 작으면 시장이 장부 가치 이하로 평가하고 있다는 의미입니다. 다만 PBR은 제조업이나 금융업처럼 자산 비중이 큰 기업에서는 유효하지만, IT 기업이나 서비스업처럼 무형자산의 비중이 큰 기업에는 실제 가치를 온전히 반영하지 못하는 한계가 있습니다.

5) PSR(Price-to-Sales Ratio, 주가매출비율)

$$PSR = \frac{가게(기업)\ 가치}{연\ 매출} \qquad 0.67배 = \frac{2억\ 원}{3억\ 원}$$

마지막으로 PSR은 기업의 매출액 대비 주가가 몇 배로 평가되고 있는지 보여주는 지표입니다. 치킨집의 사례에서 가게 가치가 2억 원이고 연 매출이 3억 원이라면, 이를 나눈 값은 약 0.67배가 됩니다. 즉 시장에서는 치킨집이 벌어들이는 매출액의 0.67배 수준으로 평가받고 있다는 의미입니다. PSR은 특히 아직 이익이 나지 않는 기업을 평가할 때 유용합니다. 신생 IT 기업이나 바이오 기업처럼 당장 순이익이 적자이거나 불안정한 경우에는 PER로 적정 가치를 평가하기 어렵습니다. 이때 매출액은 비교적 객관적이고 조작이 어려운 수치이기 때문에 PSR이 하나의 기준점이 될 수 있습니다.

그러나 PSR에도 한계가 있습니다. 매출이 크더라도 비용 구조가 열악해 이익을 내지 못하는 기업은 실제 가치가 낮을 수 있습니다. 따라서 PSR만으로 투자를 판단하기보다는, 수익성 지표(영업이익률, ROE 등)와 함께 해석해야 의미가 커집니다. 즉 PSR이 낮다는 의미는 매출 대비 주가가 저평가되었다는 신호일 수 있지만, 비용 구조가 나빠 이익이 나지 않을 가능성도 있습니다. 반대로 PSR이 높다는 의미는 매출 대비 높은 평가를 받는 것으로, 시장이 해당 기업의 미래 성장성을 크게 기대하고 있다는 의미일 수 있습니다.

치킨집 사례를 통해 배운 개념들을 실제 주식 시장에 적용해보겠습니다. 앞서 배운 공식에 따라 어떤 기업의 주당순이익(EPS)이 3,000원이고, 시장에서 주가수익비율(PER) 10배로 평가받고 있다면 이 기업의 주가는 '3,000원 × 10'으로 계산되어 30,000원이 됩니다.

가치 평가의 첫걸음을 떼며

이번 장에서는 기업의 주가가 비싼지 혹은 싼지를 판단하는 방법을 이해하기 위해 부동산 투자 과정에 빗대어 주식의 가치를 평가하는 기초적인 접근법을 다루었습니다. 부동산을 구매할 때 가격이 적정한지 판단하기 위해 주변 시세, 개발 호재, 임대 수익 가능성 등을 고려하는 것처럼, 주식 투자에서도 기업의 수익성, 자산 가치, 시장 평가 등을 종합적으로 분석해야 합니다.

이를 위해 PER(주가수익비율), PBR(주가순자산비율), PSR(주가매출비율) 등의 개념을 활용해 현재 주가가 적정한 수준인지를 분석하는 방법을 배웠습니다. 지금까지 알아본 기초 개념들은 단순히 감에 의존하는 투자에서 벗어나, 논리적이고 객관적인 투자 판단을 내릴 수 있도록 돕는 중요한 과정입니다. 이러한 기초를 바탕으로, 이어지는 내용에서는 보다 구체적으로 기업의 적정 주가를 계산하는 실전 분석 방법을 알아보도록 하겠습니다.

기업의 주가를 판단하는 법 2

주식 투자에서 기업의 가치를 평가하는 다양한 지표가 존재합니다. 이번 시간에는 'PEG Ratio'라는 개념을 활용하여 비싼 밸류에이션을 가진 기업이라도 투자할 만한지를 판단하는 방법을 알아보겠습니다. 향후 3년간 예상 주가를 계산하는 방법도 함께 살펴볼 것입니다.

성장주 가치 평가의 핵심, PEG Ratio 활용법

'PEG Ratio(Price/Earnings to Growth Ratio)'는 기업의 PER(주가수익비율)에 성장성 개념을 추가한 지표입니다. 즉 PEG Ratio는 PER을

EPS(주당순이익) 성장률로 나눈 값으로 계산됩니다. PEG Ratio가 낮을 수록 주가는 저평가되었거나, 기업의 성장성이 높다는 의미입니다. 일반적으로 PEG가 1 이하이면 저평가된 것으로 보고, 1 이상이면 고 평가된 것으로 판단합니다. 따라서 PEG가 낮다는 것은 현재 주가가 싸게 형성되어 있거나, 기업의 이익 성장률이 매우 높다는 의미로 해 석할 수 있습니다. 미국 증시에서는 IT, 기술 기업들의 PER이 높은 경 우가 많습니다. PEG Ratio는 이러한 성장주들의 실제 가치를 평가하 는 데 유용하게 활용됩니다. 주식 시장에는 단순히 PER(주가수익비율) 만으로는 설명하기 어려운 고평가 기업들이 많습니다. 이번 장에서는 기업의 '성장성' 개념을 더한 PEG Ratio라는 지표를 활용하여 겉보기 에는 비싸 보이는 기업이라도 투자 가치가 있는지를 판단하는 방법을 학습하고, 이를 통해 향후 3년간의 예상 주가를 계산하는 방법까지 함 께 살펴보겠습니다.

PEG Ratio의 장점과 한계

PEG Ratio는 단순 PER보다 성장성을 반영한다는 점에서 성장주(특 히 기술주) 평가에 유용합니다. PER이 높아 보이더라도 성장률이 빠르 면 PEG가 낮게 나오므로, 진짜 비싼 주식인지 아닌지를 더욱 정밀하 게 구분할 수 있습니다. 하지만 PEG Ratio의 한계도 있습니다. 바로 성장률 추정치가 불확실하다는 점입니다. 애널리스트의 전망치나 기업 가이던스에 크게 의존하기 때문에 예상치가 빗나가면 PEG 지표의 신뢰도도 떨어집니다. 또한 산업·기업 특성에 따라 성장률이 일정하지 않거나, 단기적으로 크게 출렁이는 경우 PEG는 왜곡된 결과를 보여줄 수 있습니다. 그 외에도 안정적인 배당주나 성숙한 산업에서는 성장률이 낮게 나오므로 PEG 해석이 무의미할 수 있습니다.

결국 PEG Ratio는 특히 PER이 높은 기술주·성장주가 많은 미국 증시에서 유용하게 활용됩니다. 단순히 'PER이 높다=고평가'라는 이분법 대신, 'PER이 높아도 성장성이 충분하다면 합리적일 수 있다'는 통찰을 제공하기 때문입니다. 다만, PEG 역시 절대적인 기준이라기보다는 다른 지표(PER, ROE, 매출 성장률 등)와 함께 종합적으로 살펴야 하는 보조 지표라는 점을 기억해야 합니다.

PER의 함정, PEG로 바로 보기

PER만으로는 기업 가치를 오판할 수 있습니다. 현재 주가가 동일하지만 A기업은 PER 20에 연평균 EPS 성장률이 40%이고, B기업은 PER 10에 성장률이 5%라고 가정해보겠습니다. B기업은 PER이 낮아 저평가된 것처럼 보이지만, 성장성이 낮아 PEG Ratio는 2.0으로 높게 계산됩니다. 반면 A기업은 PER이 20으로 높아 보이지만, 월등한 성장성 덕분에 PEG Ratio는 0.5에 불과합니다. 정리하면 B기업은 PER이 낮아 상대적으로 저평가된 것처럼 보이지만, 성장성이 낮아 PEG Ratio가

A기업과 B기업의 기업 가치 비교

구분	A기업	B기업
현재 주가	10,000원	10,000원
EPS (2022년)	500원	1,000원
PER	20(10,000÷500)	10(10,000÷1,000)
연평균 EPS 성장률	40%	5%
PEG Ratio	0.5(20÷40)	2.0(10÷5)

2.0으로 높습니다. 반면 A기업은 PER이 20으로 높지만 성장성이 높아 PEG Ratio가 0.5로 낮아 상대적으로 투자 매력이 있습니다. 따라서 PEG 관점에서는 A기업이 훨씬 더 매력적인 투자처가 됩니다.

실제 기업 분석: AMD의 가치 평가

PEG Ratio를 실제 기업인 AMD에 적용해보겠습니다. 경쟁사인 퀄컴(0.26), 브로드컴(0.68), 엔비디아(0.99)와 비교했을 때, AMD의 PEG(0.42)는 중간 수준으로, 성장성이 주가에 적정하게 반영된 것으로 볼 수 있습니다. 더 나아가 2025년 AMD의 예상 EPS를 7.07달러, 적정 PER을 25배로 가정한다면, 3년 뒤 예상 주가는 '7.07달러×25'로 계산되어 176.75달러가 됩니다. 현재 주가가 102.31달러임을 감안할 때, 예상대로 성장한다면 약 73%의 상승 여력이 있다는 해석이 가능합니다.

AMD

PER	기업: 22.55	섹터: 18.82	5년 평균: 50.04
ROE	기업: 10.6%	섹터: 6.88%	5년 평균: -800%
PSR	기업: 6.1	섹터: 2.98	5년 평균: 5.87
PBR	기업: 2.7	섹터: 4.29	5년 평균: 16.68
매출이익률	기업: 50.76%	섹터: 50.76%	5년 평균: 40.83%
영업이익률	기업: 16.83%	섹터: 7.55%	5년 평균: 10.08%
매출성장률	기업(YoY): 61.74%	섹터: 20.19%	기업(fwd): 44.88%
영업이익성장률	기업(YoY): 44.01%	섹터: 25.72%	기업(fwd): 77.22%

성장성을 고려한 현명한 투자 전략

PEG Ratio는 기업의 성장성을 반영한 가치 평가 지표로, 특히 성장주 분석에서 매우 유용하게 활용됩니다. 단순히 PER만 보고 기업이

고평가인지 저평가인지 판단하는 것은 위험할 수 있습니다. 예를 들어 PER이 높더라도 기업의 이익 성장률이 충분히 빠르다면 PEG는 낮게 나타날 수 있으며, 이는 합리적인 투자 기회가 될 수 있습니다.

즉 PER이 높다고 해서 무조건 비싸다는 단순 공식을 성장주에 적용하기는 어렵습니다. 기술주나 혁신 산업의 기업들은 현재 이익보다 미래 성장 가능성에 의해 주가가 결정되는 경우가 많기 때문입니다. 경제 불확실성이 높아지는 시기에는 PEG가 낮은 기업, 즉 성장성 대비 주가가 합리적으로 형성된 기업이 안정적인 투자 대상으로 주목받을 수 있습니다. 반면 엔비디아와 같은 고밸류 성장주에 투자할 때는 반드시 PEG를 통해 '이 기업의 현재 고평가가 성장성으로 정당화될 수 있는가?'를 점검하는 과정이 필요합니다.

다만 고밸류 성장주는 경기 변동이나 시장 심리에 따라 주가 변동성이 클 수 있습니다. 성장률 전망이 소폭만 흔들려도 PEG가 급격히 변동하기 때문에, 단순히 PEG 하나만 보고 투자 결정을 내리는 것은 위험합니다. 따라서 PEG Ratio는 어디까지나 보조 지표로 활용하는 것이 바람직합니다. PER, PBR, ROE, PSR 등 다른 지표와 함께 종합적으로 검토하고, 업종 특성·시장 환경·기업의 장기 전략까지 고려하는 것이 현명한 투자자의 자세입니다. 궁극적으로 투자란 단일 지표의 해석이 아니라, 여러 지표를 통해 균형 잡힌 판단을 내리는 과정입니다. PEG Ratio는 그 과정에서 성장성을 반영할 수 있는 강력한 도구가 되지만, 늘 다른 지표와의 조화를 통해 활용해야 한다는 점을 잊지 말아야 합니다.

미주부 적정 주가
템플릿 활용법

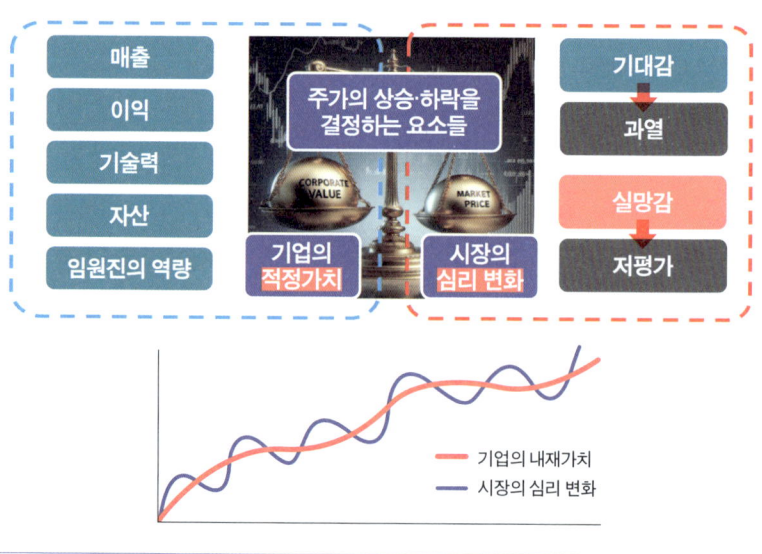

주가의 움직임은 단순히 기업의 성과만으로 결정되지 않습니다. 그래프에서 보듯이, 주가는 기업의 내재가치와 시장의 심리 변화라는 두 가지 축이 서로 얽히며 형성됩니다. 왼쪽에서 보이는 매출, 이익, 기술력, 자산, 경영진의 역량 등은 기업의 본질적인 경쟁력을 구성하는 요소입니다. 이들은 시간이 지남에 따라 기업의 내재가치(Corporate Value)를 꾸준히 높여 나가는 기반이 됩니다. 이를 그래프의 빨간 선으로 표현할 수 있습니다. 내재가치는 단기적으로 크게 요동치지 않으며, 꾸준히 성장하는 기업이라면 장기적으로 완만한 상승곡선을 그립니다.

반면 오른쪽에 표시된 기대감, 과열, 실망감, 저평가와 같은 요인들은 시장 참여자의 심리를 반영합니다. 투자자들은 기업의 실제 가치보다 뉴스, 루머, 경기 상황, 금리 전망 등에 민감하게 반응하여 주가를 단기적으로 크게 움직입니다. 이는 파란 선으로 표현된 곡선처럼 내재가치보다 훨씬 더 빠르고 요동치는 움직임을 보입니다. 때로는 과도한 기대감으로 내재가치 이상으로 주가가 치솟기도 하고, 반대로 실망감으로 인해 내재가치보다 훨씬 낮게 평가되기도 합니다.

이처럼 주가(시장 가격)는 언제나 기업의 내재가치와 정확히 일치하지 않습니다. 단기적으로는 심리에 휘둘리며 과대평가 혹은 과소평가를 거듭하지만, 장기적으로는 내재가치의 흐름에 수렴하는 경향이 있습니다. 따라서 투자자는 단기적인 주가 변동에 지나치게 휘둘리기보다는 기업이 가진 본질적 가치와 장기적 성장성을 바라보아야 합니다. 시장의 심리가 만들어내는 단기적 등락은 피할 수 없지만, 내재가치라는 나침반을 기준으로 삼을 때, 보다 안정적이고 현명한 투자 결정을 내릴 수 있습니다.

그러나 실제 시장에서 주가는 이러한 본질적 가치보다 시장 참여자들의 심리 변화에 의해 민감하게 요동칩니다. 시장 심리는 정보의 흐름을 따라 단계적으로 확산됩니다. 먼저 기업 내부자는 실적 개선, 연구 개발(R&D) 성과, 신기술 확보와 같은 변화를 가장 먼저 파악합니다. 그다음에는 투자은행(IB)이나 애널리스트와 같은 전문가 집단이 정보를 분석해 보고서를 작성하거나 투자 의견을 제시합니다. 마지막으로 이러한 정보가 일반 투자자들에게 도달하면서 시장 전체의 기대감과 실망감이 형성됩니다.

이러한 구조 때문에 일반 투자자는 항상 정보의 흐름상 가장 후순위에 놓일 수밖에 없습니다. 기업 내부자나 월가의 전문가들은 이미 정보를 선점한 상태에서 투자 결정을 내리는 반면, 일반 투자자는 뒤늦게 전달된 정보와 뉴스에 반응하는 경우가 많습니다. 따라서 시장 심리의 변화를 신속하게 파악하기란 결코 쉽지 않으며, 그 결과 단기적으로는 불리한 위치에 설 수밖에 없는 것이 현실입니다.

시장에서 기업을 평가하는 다양한 방식 중 하나는 애널리스트 리포트를 참고하는 것입니다. 애널리스트들은 기업의 실적, 산업 전망, 경제 환경 등을 종합적으로 고려하여 목표 주가를 산정합니다. 그러나 이 과정에서 애널리스트의 주관적 판단이 개입될 수 있다는 한계가 있습니다. 실제로 같은 기업에 대해 애널리스트마다 목표 주가가 다르게 설정되는 경우가 많습니다. 예를 들어 테슬라의 목표 주가를 두고 어떤 애널리스트는 300달러를, 또 다른 애널리스트는 500달러를 제시하기도 합니다. 이처럼 의견이 극명하게 갈리는 이유는 애널리스트마다 적용하는 밸류에이션 방식과 가정하는 미래 성장률이 다르기 때문입니다.

그렇다면 투자자는 어떤 기준을 가지고 기업의 적정 주가를 스스로 산정해야 할까요? 지금부터 애널리스트들이 적정 주가를 계산하는 방식과 한계를 살펴보고, 보다 정량적인 기준을 설정할 수 있는 적정 주가 산정 템플릿을 소개할 것입니다. 이를 통해 투자자가 보다 논리적이고 체계적으로 투자 결정을 내릴 수 있도록 돕는 것이 목표입니다.

애널리스트 컨센서스를 주기적으로 확인해야 하는 이유 1

'애널리스트 컨센서스(Analyst Consensus)'는 증권사나 투자기관의 애널리스트들이 특정 기업의 매출, 이익, 목표 주가 등을 예측하여 제시한 의견들을 집계한 지표를 의미합니다. 여러 전문가의 분석을 '합의(Consensus)' 형태로 정리한 시장의 기대치라고 생각하면 간단합니다. 이 합의는 기업의 실적 발표 시점에서 주가의 급등락을 예측하는데 매우 유용하게 활용될 수 있습니다. 어떤 기업이 실적을 발표한 후 주가가 급등하거나 급락하는 경우가 자주 있는데, 이는 시장의 기대치에 따라 좌우됩니다. 그리고 이 기대치가 바로 애널리스트 컨센서스로 표현됩니다.

예를 들어, 팔란티어(Palantir)의 경우 2024년 4분기 실적 발표 이후

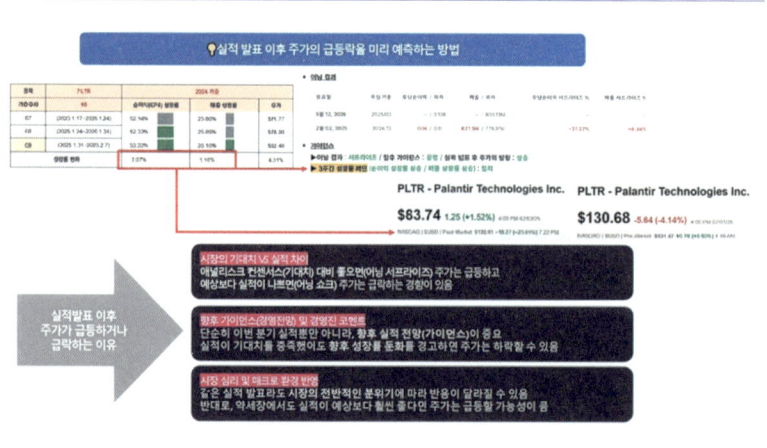

의 주가 변화를 보면 애널리스트 컨센서스가 발표 전부터 꾸준히 상승하고 있었습니다. 그 결과, 실적 발표 이후인 2025년 2월 3일 애프터 마켓에서 주가가 23%나 급등했습니다. 당시 주가 그래프를 보면 급등의 상황을 확인할 수 있으며, 이후로도 주가가 계속 상승해 130달러까지 올라간 것을 볼 수 있습니다. 이처럼 시장의 기대치가 상승하고 있는지 하락하고 있는지를 주 단위로 체크하는 것이 좋습니다. 일반적으로 기대치보다 실적이 좋으면 주가는 급등하고, 기대치에 못 미치면 주가는 급락합니다. 특히 애널리스트 컨센서스가 지속적으로 상승하는 패턴을 보이면 실제 실적도 좋게 나오는 경우가 많아, 이를 토대로 '어닝 서프라이즈(실적 호조)' 또는 '어닝 쇼크(실적 악화)'를 미

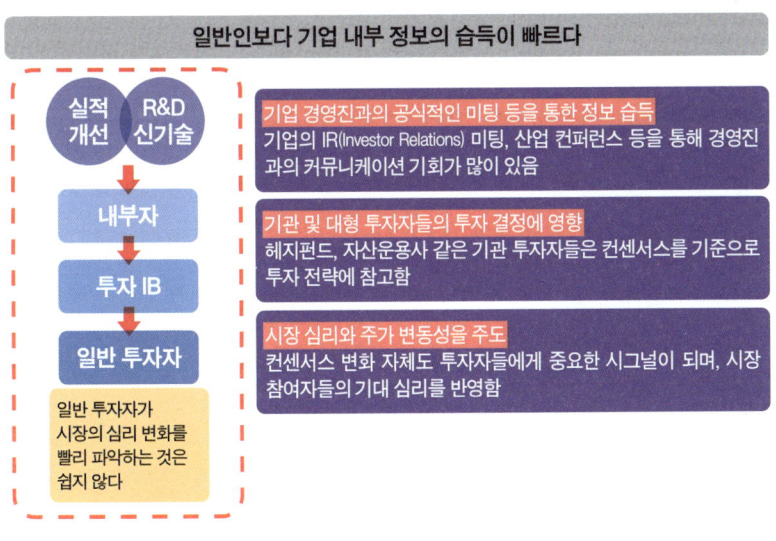

일반인보다 기업 내부 정보의 습득이 빠르다

실적 개선 R&D 신기술

내부자

투자 IB

일반 투자자

일반 투자자가 시장의 심리 변화를 빨리 파악하는 것은 쉽지 않다

기업 경영진과의 공식적인 미팅 등을 통한 정보 습득
기업의 IR(Investor Relations) 미팅, 산업 컨퍼런스 등을 통해 경영진과의 커뮤니케이션 기회가 많이 있음

기관 및 대형 투자자들의 투자 결정에 영향
헤지펀드, 자산운용사 같은 기관 투자자들은 컨센서스를 기준으로 투자 전략에 참고함

시장 심리와 주가 변동성을 주도
컨센서스 변화 자체도 투자자들에게 중요한 시그널이 되며, 시장 참여자들의 기대 심리를 반영함

리 예측할 수 있습니다.

그 외에도 실적 발표 이후 기업이 제시하는 가이던스(다음 분기나 올해 예상 실적 전망) 역시 주가에 큰 영향을 줍니다. 가이던스가 기존 예상보다 긍정적이면 주가가 급등하고, 부정적이면 실적이 좋더라도 주가가 하락할 수 있습니다. 또한 시장 심리나 거시경제 환경도 영향을 미치는데, 테슬라나 팔란티어처럼 밸류에이션이 높은 기업은 동일한 실적을 내놓아도 시장이 실망하는 경우가 있습니다. 마치 평소에 1등만 하던 학생이 90점을 받으면 혼나고, 중간 성적이던 학생이 80점을 받아도 칭찬을 받는 것과 같습니다. 이처럼 복합적인 변수들이 반영된 지표가 바로 애널리스트 컨센서스라고 볼 수 있습니다.

애널리스트 컨센서스를 주기적으로 확인해야 하는 이유 2

애널리스트 컨센서스를 정기적으로 확인해야 하는 두 번째 이유는 애널리스트들이 일반인보다 기업 내부 정보를 훨씬 빠르게 습득할 수 있기 때문입니다. 실제로 기업의 실적이 개선되거나 R&D 신기술 개발 같은 호재가 있을 때, 가장 먼저 정보를 아는 사람들은 당연히 내부자입니다. 그다음으로 빠르게 정보를 접하는 이들이 대체로 기업과 밀접한 관계를 맺고 있는 금융권 관계자들이나 애널리스트들입니다. 그들은 기업 경영진과 공식 혹은 비공식 미팅을 통해 정보를 얻을 기회가 많으므로 실적 발표 전에 해당 실적이 기대치를 웃돌지 밑돌지 파악할 수 있는 경우가 종종 있습니다.

이러한 정보 접근성 때문에 기관이나 대형 투자자들도 애널리스트 컨센서스를 참고하여 투자 결정을 내리게 되고, 이는 주가의 상승 또는 하락으로 이어지는 직접적인 영향을 미칩니다. 실제로 애널리스트 컨센서스가 상향되는 기업들은 주가도 함께 상승하는 경우가 많습니다. 이는 시장의 심리를 자극하는 요소로 작용하기 때문에, 우리가 투자하는 종목에 대한 컨센서스 변화를 꾸준히 체크하고 빠르게 파악하는 것이 매우 중요합니다.

주가는 과거에 기업이 얼마나 잘했는지보다는 앞으로 얼마나 잘 것인지, 즉 미래에 대한 기대감을 더 중요하게 반영합니다. 따라서 애

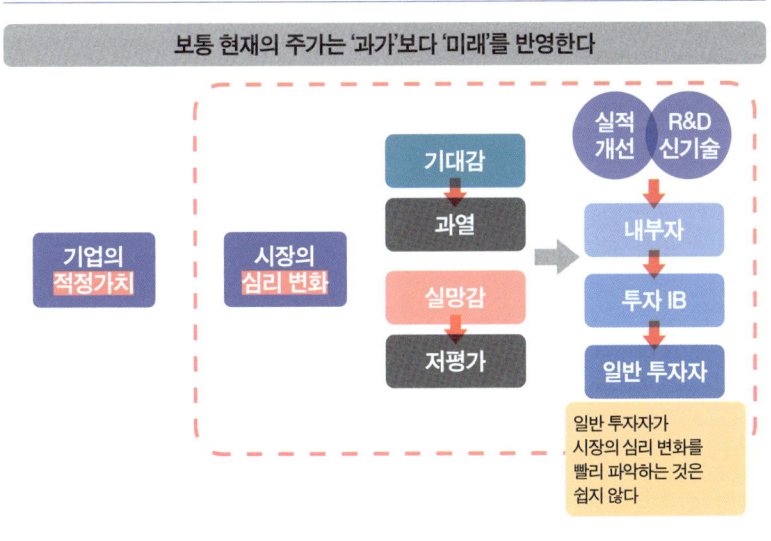

애널리스트 컨센서스 참고 방법
1. 시장 분위기를 파악하는 참고 지표로 활용
2. 목표 주가 범위를 분석하여 변동성과 리스크를 고려
3. 매수/보유/매도 비율을 통해 투자 심리를 확인
4. 목표 주가 변동 추이를 체크하여 시장의 흐름을 읽음

2025년 2월(Tiprank)   2025년 7월(Tiprank)

널리스트 컨센서스는 기업의 미래 실적에 대한 예상치를 지속적으로 엿볼 수 있는 중요한 지표입니다. 시장 심리의 변화가 실적 개선이나 R&D 신기술 개발 같은 긍정적인 기대를 반영하면서 주가가 선반영되어 상승하는 경우를 자주 볼 수 있습니다. 반대로 실적이 부진할 것이라는 정보가 미리 유출되면 실적 발표 전에 주가가 하락하는 경우도 있습니다.

기대감이 너무 높아지면 주가가 과열되기도 하고, 반대로 실망감이 커지면 저평가 구간에 진입하는 경우도 발생합니다. 이러한 주가 흐름을 구분하는 것이 중요하지만, 일반 투자자들이 이를 민감하게 파악하기는 쉽지 않습니다. 그렇기 때문에 애널리스트 컨센서스를 주기적으로 체크하는 투자 루틴을 만드는 것이 좋습니다.

테슬라 사례로 본 컨센서스 활용법

애널리스트 컨센서스를 어떻게 활용하는지 보여주기 위해 테슬라를 예로 들어보겠습니다. 제가 운영하는 스터디 클럽에서 매주 관리하는 테슬라의 컨센서스 업데이트 자료를 보면 테슬라의 2025년 예상 EPS와 예상 매출은 2025년 4월 11일부터 현재까지 계속 낮아지는 추세입니다. 당초에는 전년 대비 성장세였던 EPS와 매출이 지금은 모두 역성장으로 전환되었습니다. 이 데이터는 'Tiprank' 같은 사이트에서 확인할 수 있습니다.

애널리스트 목표가 자료를 보면 2025년 2월과 7월을 비교했을 때 현재의 목표 주가가 2월보다 더 낮아진 상태입니다. 목표 주가는 어떤 이슈에 따라 올라가기도 하고 내려가기도 하는데, 350달러에서 475달러, 320달러, 심지어 550달러에서 315달러까지 제각각입니다. 이처럼 제멋대로인 목표 주가를 믿고 투자하면 혼란만 가중될 수밖에 없습니다. 결국 중요한 것은 자신만의 투자 기준을 만드는 것이고, 이를 위해 직접 적정 주가 템플릿을 만드는 노력이 필요합니다.

AppLovin 사례에서 배우는 투자 기준의 중요성

　AppLovin 사례를 통해 투자 기준의 중요성을 다시 한번 강조하고 싶습니다. 2023년 11월 20일, 저는 AppLovin을 36달러에 소량 매수 했습니다. 당시에는 분할 매수를 계획했지만 주가가 급등하면서 추가 매수 기회를 놓쳤습니다. 그때는 스터디 클럽을 시작한 지 얼마 되지 않아 성장률 추적기를 만들기 전이었고, 단순히 분석을 바탕으로 목표 주가를 설정했습니다. 목표 주가에 너무 빨리 도달하자 그냥 팔자는 생각으로 매도했습니다.

　그러나 이 종목은 결과적으로 텐배거(Ten-bagger), 즉 10배 이상 상승했습니다. 매수가인 36달러와 비교했을 때, 2025년 2월 특강 당시 주가는 415달러였고, 현재는 336달러 수준으로 여전히 10배에 가깝습니다. 결국 텐배거 종목을 놓친 셈인데 그 이유는 당시 성장률 추적

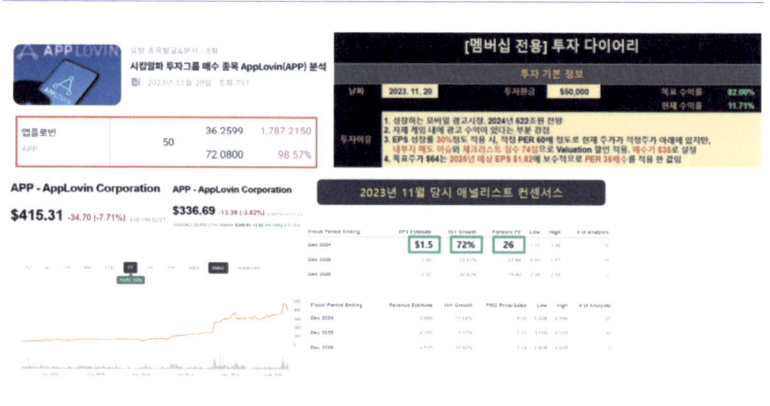

기가 없어 애널리스트 컨센서스가 꾸준히 상승해왔다는 사실을 놓치고 최초에 설정한 1차 목표 주가에 도달했기 때문입니다. 즉 애널리스트들이 주기적으로 특정 기업의 목표 주가를 변경하는 것처럼, 제가 만든 성장률 추적기 템플릿을 통해 기업의 적정 주가와 목표 주가를 수정하면서 투자 전략을 세울 수 있는 것입니다.

AppLovin의 컨센서스 변화 추적

이 사례에서 주목할 점은 애널리스트 컨센서스가 시간이 지나면서 얼마나 크게 변할 수 있는지입니다. 2023년 11월 당시 AppLovin의 2025년 예상 EPS는 1.92달러였으나, 2025년 2월 24일에는 6.56달러로 세 배 이상 상승했습니다. 현재 AppLovin의 예상 EPS는 8.11달러로 2월보다 더 올랐습니다. 반면 매출을 보면 2023년 11월 당시 2025

년 예상 매출은 41억 5천만 달러였고, 2025년 2월에는 58억 달러로 상승했습니다. 그러나 현재 매출 컨센서스는 58억 달러보다 다소 하락한 상태입니다. 즉 EPS는 지속적으로 상향됐지만, 매출은 최근 다소 낮아졌다는 점을 확인할 수 있습니다.

이러한 변화를 통해 우리가 확인해야 할 것은 컨센서스가 계속 상향되는지, 정체되는지 혹은 하락으로 돌아서는지의 흐름입니다. 컨센서스가 상승하지 않는다면 현재 주가가 더 이상 상승하지 않을 가능성도 존재하기 때문에 이러한 정보들을 투자 결정의 중요한 판단 근거로 삼아야 합니다.

제가 운영하는 스터디 클럽에서는 이러한 애널리스트 컨센서스의 변화를 매주 점검하여 성장률 추적기라는 템플릿을 만들어 공유해드리고 있습니다. 성장률 추적기 템플릿 활용법에 대해서는 뒤에서 다시 설명해드리겠습니다.

파가야(Pagaya) 사례로 본 투자 시그널

새로운 텐배거 종목을 발굴한다고 가정하고 파가야(Pagaya) 사례를 살펴보겠습니다. 제가 최초로 이 종목에 대한 분석 칼럼을 스터디 클럽에 올린 2024년 12월 기준으로 주가는 10달러 정도였습니다. 그리고 2025년 9월 이 기업의 주가는 37달러 입니다. 많은 투자자들이 수익은 났는데 언제 팔아야 할지 모르겠다거나, 텐배거가 될지 확신이

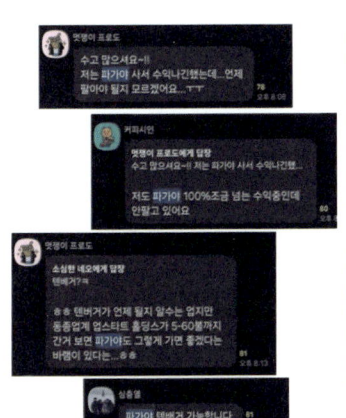

없다는 의견을 제시했습니다.

이럴 때 활용할 수 있는 것이 성장률 추적기입니다. 2025년 4월 11일부터 최근까지의 12주 차 데이터를 보면 갑자기 성장률이 급격히 올라가는 시점이 있습니다. 이는 82주 차에서 83주 차 사이인 2025년 5월 2일부터 5월 9일 주간에 해당합니다. 이 시기에 파가야는 실적 발표를 했고, 시장 기대를 상회하는 실적 덕분에 애널리스트 컨센서스가 즉시 상향 반영된 것입니다. 이후에도 컨센서스는 지속적으로 상승해 2025년 EPS 성장률이 전년 대비 180% 수준에서 190% 이상으로 상승하고 있습니다. 이런 흐름을 매주 체크하면서 투자 전략을 수정해 나가는 것입니다.

확정적인 판단은 어렵지만 의미 있는 변화가 시작될 수 있는 지점이므로 투자자 입장에서 꼭 기록해둘 필요가 있습니다. 저는 여기에 더해 적정 주가 템플릿까지 함께 확인하며 투자 판단의 객관적인 근거를 보완하고 있습니다.

파가야의 적정 주가와 보유 판단 기준

제가 운영하는 스터디 클럽에서 파가야는 밀착 관리 종목으로, 현재 적정 주가 템플릿을 통해 판단하고 있습니다. 이 템플릿은 순이익 성장 관점과 매출 성장 관점 두 가지 기준을 반영하여 정리한 자료이며 매일 회원들과 공유하고 있습니다. 스터디 클럽에서 종목을 관리하고 체크하는 루틴은 다음과 같습니다.

미주부 체크 리스트

1. 적정 주가 템플릿 기준으로 적정 주가에 도달하였는지 여부(데일리 체크)
2. 내부자 매도가 발생하고 있는가? 내부자 대량 매도가 나올 경우 단기 주가 하락의 원인이 될 수 있기 때문(데일리 체크)
3. 호재/악재 뉴스 체크(데일리 체크)
4. 애널리스트 컨센서스를 반영한 적정 주가 체크(위클리 체크)
5. 애널리스트 컨센서스를 반영한 성장률 변화 체크(위클리 체크)

ETF가 아닌 개별 종목에 투자하면서 큰 수익을 원한다면 그에 상응하는 노력과 투자 공부가 동반되어야 합니다. 투자 격언 중에 "기업과 사랑에 빠지지 말라"라는 말이 있습니다. 투자자라면 자신이 투자한 종목을 객관적이고 냉철하게 바라보아야 한다는 의미입니다. 그러기 위해서는 기업이 경영을 제대로 하고 있는지, 기업의 영업 목표를 달성할 수 있는지, 달성하지 못하는 경우 어떤 대안이 있는지 체크를 해야 하는데 미주부 체크리스트를 통해 대부분의 호재와 악재를 점검하면서 투자 기준을 잡아 나갈 수 있습니다.

3장

미래를 읽는
투자 다이어리

종목 발굴부터 액션까지,
수익 재현의 공식을 세우다

미주부 템플릿의 배경과 작동 원리

제가 적정 주가 템플릿을 만들게 된 이유는 기업의 매출, 이익, 기술력, 자산, 임원진 역량 등 여러 요소를 종합해서 기업의 적정 가치를 판단해야 한다는 생각 때문입니다. 기업의 내재가치는 상대적으로 조용히 우상향할 수 있지만, 주가는 기대감이나 실망감 같은 심리적 요인에 따라 급등하거나 급락할 수 있습니다. 이러한 시장의 노이즈에 흔들리지 않기 위해 나만의 기준이 필요하다는 판단으로 미주부 템플릿을 만들게 되었습니다.

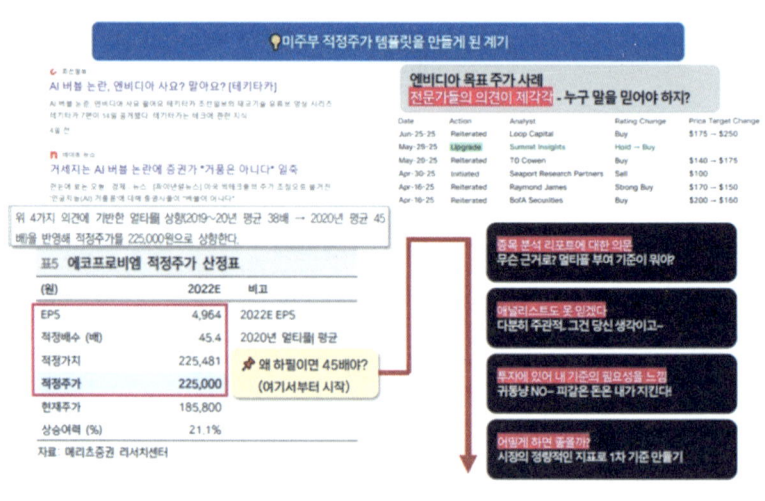

이 기준을 산정하는 데 있어 중요하게 여긴 부분은 바로 애널리스트 리포트에 자주 등장하는 'PER 멀티플'입니다. 2022년 에코프로비엠에 대한 애널리스트 리포트를 보면 애널리스트는 PER 멀티플을 45배로 설정하여 적정 주가를 산정하고 있었습니다. 위의 리포트 내용을 보면 "위의 네 가지 의견에 기반해 멀티플을 상향 적용하겠다"라고 언급하는 부분이 있습니다.

이것을 보고 저는 '무슨 기준으로 PER 30배가 아닌 45배를 적용하는가? 애널리스트 개인의 판단 기준이 무엇인가?'라는 의문을 가졌습니다. PER 멀티플은 EPS에 곱하기만 하면 주가가 바로 산정되는 구조이기 때문에, 이러한 판단은 투자자 입장에서 위험할 수 있다는 생각이 들었습니다. 결국 남의 말이 아닌 내 기준이 필요하다는 결론에 도

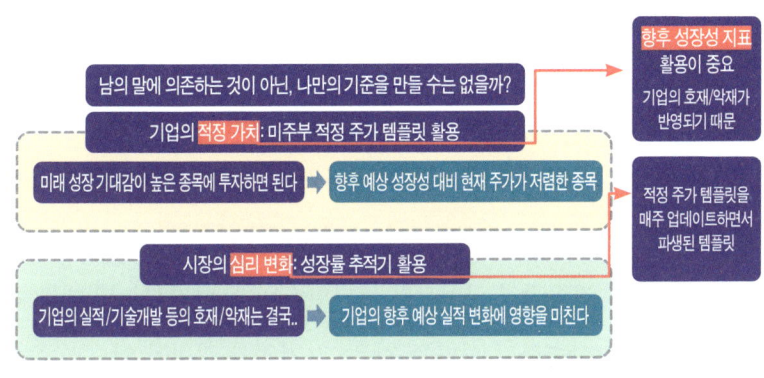

달했고, 정량적인 지표를 기반으로 1차 기준을 만들자는 취지에서 직접 적정 주가 템플릿을 만들게 된 것입니다.

적정 주가 템플릿의 작동 원리

적정 주가 템플릿은 미래 성장 기대감을 활용하는 구조로 만들어졌습니다. 단순히 미래에 대한 기대가 높은 종목에 무조건 투자하는 것이 아니라, 기대감 대비 현재 주가가 저렴한 종목을 찾아 투자하자는 아이디어에서 출발한 것입니다. 템플릿을 기반으로 매주 데이터를 업데이트하며 시장의 기대감과 실제 주가 사이의 괴리를 점검하고 있습니다.

이와 연결되는 개념이 바로 성장률 추적기입니다. 성장률 추적기는 기업의 실적 변화나 기술 개발에 대한 시장의 기대 심리를 관찰하는 데 사용됩니다. 예를 들어, 어떤 기업의 실적이 개선되거나 기술 개발을 통해 돈을 더 많이 벌 것이라는 기대가 있다면 이 기대는 애널리스트의 향후 실적 전망에 반영되어 애널리스트 컨센서스가 상향 조정됩니다. 파가야의 사례에서 보았듯이 이러한 기대감은 실제로 애널리스트 컨센서스의 지속적인 상향으로 나타났습니다. 따라서 기업에 대한 기대감이 계속 상승하고 있다는 것은 그 기업의 실적이 앞으로 좋아질 것이라는 신호로 해석할 수 있으며, 이러한 관점이 적정 주가 템플릿과 성장률 추적기의 기반이 됩니다.

PER과 PEG Ratio의 개념 이해

적정 주가 템플릿에서 적정 주가를 산정하는 핵심 개념인 PER과 PEG Ratio에 대해 다시 한번 살펴보겠습니다. PER은 주가수익비율로, 현재 주가를 주당순이익(EPS)으로 나누어 계산합니다. 즉 '현재 주가 ÷ EPS = PER'이라는 간단한 공식입니다. PEG Ratio는 PER을 EPS 성장률로 나눈 값입니다. 이 개념이 중요한 이유는 PER만으로는 단순히 주가가 비싸 보이는 기업이 사실은 미래 성장성이 매우 높은 기업일 수 있기 때문입니다. 예를 들어 어떤 기업의 PER이 80이면 일반적으로 비싸다고 느껴지지만, 그 기업의 매출 성장률이 80%라면 PER을 성장률로 나눈 PEG Ratio는 1이 됩니다. 이는 PER이 높더라도 그에 상응하는 성장률이 뒷받침된다면 고평가가 아니라는 논리입니다.

PEG Ratio를 활용한 적정 PER 산정

제가 만든 적정 주가 템플릿은 PEG Ratio를 활용하여 적정 주가를 산정하고 있습니다. 지금부터 기본 원리에 대해 설명해드리겠습니다. 제가 만든 템플릿을 이해하고 활용하는 데 중요한 내용입니다. PEG Ratio의 계산식인 'PER Ratio=PEG/EPS 성장률'에서 좌변과 우변을 바꾸면, PER=(PEG Ratio×EPS 성장률)이 됩니다. 이때 중요한 것은 PEG Ratio를 해당 기업의 PEG Ratio가 아닌 섹터 PEG Ratio나 동종 기업들의 PEG Ratio 중간값을 활용하는 것입니다. 여기에 해당 기업의 EPS 성장률을 곱하여 그 기업의 적정 PER을 계산하는 접근 방식입니다.

꼭 섹터 PEG를 사용해야 하는 것은 아니며, 동종업계 기업들의 PEG Ratio 평균이나 중간값을 써도 괜찮습니다. 제가 섹터 PEG를 사용하는 이유는 첫째로 편의성 때문이고, 둘째는 보수적으로 보기 위함입니다. 일반적으로 동종업계 기업들의 PEG보다 섹터 PEG가 더 낮은 경향이 있습니다. 섹터 PEG가 낮다는 것은 적정 PER이 더 낮게 계산되고, 결국 적정 주가도 더 낮게 산정될 수 있다는 의미입니다. 어떤 기업의 현재 주가가 20달러인데 적정 주가가 40달러로 2배의 상승 여력이 있다고 가정할 때, 섹터 PEG를 적용하면 적정 주가가 25달러 정도로 계산되어 보수적인 기준으로 볼 수 있다는 것입니다. 이 장에서는 위의 계산식에 대한 개념만 이해하면 되고, 템플릿 활용 방법에 대해서는 다음 장에서 자세히 설명해드리겠습니다.

주변 시세와 비교하는 방식

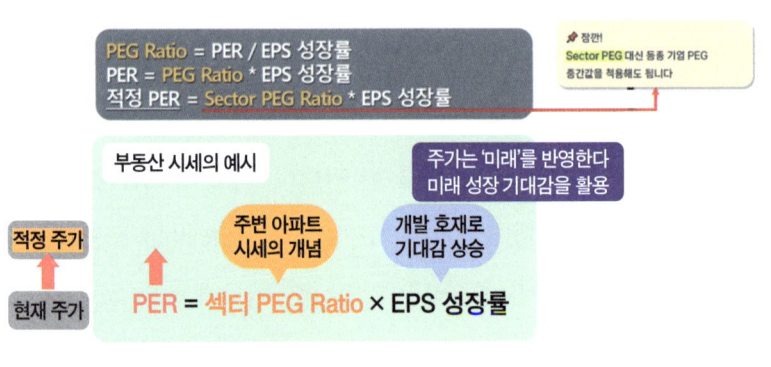

우리가 일상생활에서 접할 수 있는 예를 들어보겠습니다. 이사 가기 위해 아파트 시세를 알아보는 방식을 예로 들면 쉽게 이해할 수 있습니다. 강남 32평 아파트 여러 곳을 살펴볼 때 20~30억 사이였다면, 평균 시세는 대략 25억일 것입니다. 그런데 어느 아파트가 27억에 매물로 나왔다면 '왜 2억이나 더 비쌀까?'라는 의문이 생길 수 있습니다.

여러 이유가 있을 수 있지만 해당 아파트 바로 앞에 학교가 들어서거나, 지하철역이 생기는 등 개발 호재 때문일 가능성이 높습니다. 이러한 호재는 특정 지역만 가격이 더 오를 수 있는 잠재력을 만들어내는데, 이를 미래 EPS 성장률로 생각해볼 수 있습니다. 이처럼 기대감이 존재하면 PER이 올라갈 수 있고, PER이 올라가면 적정 주가도 높아질 수 있다는 개념입니다. 이러한 비교 분석 사고방식이 바로 적정 주가 템플릿의 핵심입니다.

적정 주가 템플릿의 비교 프로세스

적정 주가 템플릿의 작동 원리는 내가 사고자 하는 주식이 비싼지 싼지 비교하는 데 있습니다. 우리가 중고 물건을 살 때 여러 곳을 비교하는 것과 같은 원리입니다. 이 템플릿은 세 가지 관점에서 비교를 수행합니다. 첫째, 해당 섹터의 중간값과 비교하고 둘째, 동종 업계 기업들과 비교하며 셋째, 해당 기업의 과거값과 비교합니다. 이러한 다각도 비교를 통해 적정 가치를 판단하는 것이고, 미주부 템플릿은 이 과정을 체계화하여 적용할 수 있도록 만들어졌습니다. 물론 이러한 판단 외에도 애널리스트들의 의견을 참고하는 등 여러 방면에서 비교하며 판단의 오차를 줄여가는 것이 중요합니다.

만약 비교 결과 지금 주가가 비싸다고 판단된다면 추가로 고려할 요소들이 있습니다. 회사가 매출 성장률보다 순이익 증가폭이 더 크다거나, 독창적인 기술력이 있는지를 살펴보는 것입니다. 테슬라 같은 경우가 대표적인 예인데 자율주행, 로봇택시, 옵티머스 로봇 등과 같은 기술적 기대감은 있지만 이것이 언제 실제 매출과 이익으로 연결될지는 누구도 확정할 수 없습니다.

이런 면에서 저는 '비싸도 알고 사자'는 입장입니다. 비싼 줄 알고 샀는데 주가가 떨어지면 '원래 비싼 줄 알고 샀으니까 떨어질 수도 있지'라고 생각할 수 있습니다. 하지만 싼지 비싼지도 모르고 샀다면 주가가 떨어졌을 때 '계속 떨어지면 어떡하지?'라는 불안만 남게 됩니다. 결국 투자란 나만의 명확한 기준을 가지고, 그 기준 안에서 판단하고, 책임 있게 매수 및 매도 결정을 내려야 합니다.

적정 주가 템플릿 활용 실습

지금부터는 템플릿을 직접 활용하는 실습 파트입니다. 이 템플릿은 보기 전용으로 설정되어 있어 직접 수정이 불가능합니다. 따라서 '파일' 메뉴에서 '사본 만들기'를 눌러 개인 계정에 저장해야 합니다. 이 작업은 반드시 구글 크롬 브라우저에서 본인 계정으로 로그인된 상태에서 진행해야 합니다.

이 템플릿은 총 세 개의 탭으로 구성되어 있습니다. '적정 주가 순이익', '적정 주가 매출', 그리고 이 두 정보를 기반으로 자동 포트폴리오를 구성해주는 탭입니다. 제가 운영하는 스터디 클럽에 현재 집중적으로 공부하는 37개 종목을 적정 주가 템플릿의 데이터로 공유해드리고 있습니다. 이 책에서는 기본적인 활용법을 배우실 수 있도록 설

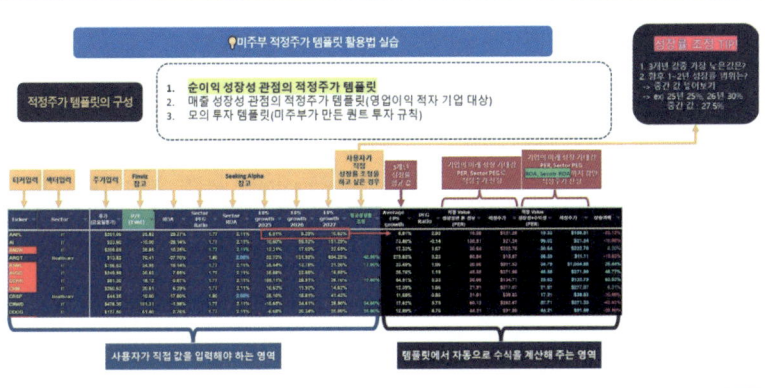

명해드리겠습니다.

실습 구성: 입력 영역과 수식 영역 구분하기

적정 주가 순이익 탭은 순이익 성장성을 기반으로 적정 주가를 산출하는 템플릿입니다. 파란색 셀과 검정색 셀로 나뉘어 있으며, 파란색 셀은 사용자가 직접 데이터를 입력하는 영역이고, 검정색 셀은 수식이 걸려 있어 수정해서는 안 되는 부분입니다.

가장 먼저 입력해야 할 항목은 티커입니다. 정확한 티커를 입력해야 주가와 관련 정보를 제대로 불러올 수 있습니다. 섹터 항목은 IT, Information Technology 등 자유롭게 입력할 수 있지만, 이는 수식과는 무관한 정보입니다. 주가는 현재 시점의 주가를 입력하면 됩니다.

다음으로 입력해야 할 항목은 PER 수치입니다. 예전에는 Seeking Alpha에서 데이터를 참고했지만, 현재는 FINVIZ의 데이터를 기준으로 사용하고 있습니다. 이는 계산 방식의 차이 때문인데, FINVIZ는 앞으로 4개 분기 실적을 기준으로 계산된 Forward PE를 제공하는 반면, Seeking Alpha는 해당 연도의 전체 실적을 기준으로 하는 경우가 많아, 경우에 따라 과거의 실적이 포함되는 경우도 있어 진정한 의미의 Forward값과 차이가 생길 수 있기 때문입니다.

어디까지나 제가 사용하는 기준일 뿐이므로 참고하시면 됩니다. 따라서 템플릿 실습 시에는 FINVIZ에서 Forward P/E값을 입력하면 됩니다. Sector PEG Median에 대한 설명은 뒤에서 다시 다루겠습니다. Forward P/E, ROA, Sector PEG, Sector ROA, 그리고 3개년 EPS 성장률은 모두 Seeking Alpha 데이터를 참고하여 입력합니다. ROA는 Seeking Alpha에서 'Profitability' 항목 아래에서 확인할 수 있으며, 이때 표시되는 2.07은 섹터 ROA, 61.29는 엔비디아의 ROA입니다. Sector PEG Ratio는 'Valuation' 탭에서 확인이 가능하며, TTM(Trailing Twelve Months)이 아닌 Forward값을 확인해야 합니다. 이는 Forward P/E가 앞으로의 성장 기대감을 의미하며, 성장 기대감 대비 현재 PER을 보려는 목적에 부합하기 때문입니다.

3개년 EPS 성장률 역시 Seeking Alpha의 'Earnings 〉 Earnings Estimates' 탭에서 확인할 수 있으며, EPS와 Revenue 각각 향후 3개년 수치를 확인할 수 있습니다. 템플릿 하단에는 섹터값이 자동으로 나오는 구조가 있습니다. 이는 효율적인 종목 관리를 위해 11개 섹터별

PEG와 ROA 값을 시트에 저장해두고, 예를 들어 오라클이 IT 섹터에 속하면 해당 셀을 더블클릭해 IT 섹터의 PEG값을 자동 적용하도록 만든 것입니다.

성장률 조정값 입력과 해석 기준

적정 주가 템플릿에는 기업의 3개년 미래 성장률을 입력하는 항목이 있습니다. 값을 입력하면 템플릿에서 3개년 평균 성장률을 계산합니다. 이 평균 성장률을 기준으로 적정 주가를 산출하게 됩니다. 이렇게 3개년 평균 성장률을 일괄적으로 산정하는 경우, 판단의 오류가 생길 수도 있습니다. 예를 들어 어떤 기업의 3개년 성장률 중 특정 연도의 성장률만 너무 높거나 낮은 경우, 기업의 평균 성장률에 오류가 생길 수 있기 때문입니다. 이런 판단의 오류를 방지하기 위해 '성장률 조정값'이라는 항목을 만들었는데, 이 부분은 개인의 주관적인 판단이 반영되는 영역입니다.

여기서 템플릿을 얼마나 잘 이해하고 활용하는지 결정될 수 있습니다. 예를 들어, 애플의 3개년 EPS 성장률(2025년 6.51%, 2026년 9.2%, 2027년 10.63%)을 볼 때, 템플릿의 기본값은 3개년 평균값으로 자동으로 계산되며, 애플의 경우 평균 성장률은 8.72%로 나타납니다. 여기서 성장률 조정값을 얼마로 적용할 것인지에 대해 판단하는 팁은 다음과 같습니다.

1. 3개년 평균 성장률이 몇 %인가?
2. 3개년 평균 성장률 대비 특정 연도가 너무 높거나 낮지 않은가?
3. 이런 경우 해당 연도를 제외하고 나머지 연도의 평균값을 산정한다.
4. 미래가 아닌 과거 3개년의 성장률은 어느 정도 수준이었는지 산정한다.
5. 현재 연도와 가장 가까운 연도 순으로 성장률을 우선적으로 판단한다.

예를 들어 현시점이 2025년이라고 가정하고, 어떤 기업의 2025년 성장률이 20%, 2026년 성장률이 23%, 2027년 성장률이 50%라면 너무 먼 미래인 2027년의 성장률보다 가까운 미래인 2025~2026년의 성장률을 우선적으로 판단하는 것입니다. 이러한 적용 방법은 제 지난 5년간의 경험에서 비롯된 것입니다. 수많은 종목에 템플릿을 적용하며 현실적인 주가 산정을 위해 어떤 방식이 무리가 없는지 고민한 결과입니다. 하지만 이런 판단은 적용하는 사용자의 판단 기준에 따라 성장률값을 3개년 성장률을 기준으로 평가할 때, 낮은 값 위주로 보면서 보수적으로 평가할 수도 있고, 높은 값을 참조하여 긍정적으로 평가할 수도 있습니다. 여러 수치를 적용하여 적정 주가의 범위를 산정해볼 수 있습니다.

상승 여력 계산과 적자 기업 처리 방식

적정 주가 템플릿의 맨 오른쪽 열에 있는 상승 여력은 간단한 계산으로 이루어집니다. 적정 주가가 151달러인데 현재 주가가 201달러라면, 약 -24%의 괴리율을 나타냅니다. 이는 현재 주가가 적정 주가보다 비싸다는 의미입니다. 제가 운영하는 스터디 클럽에서는 적정 주가 템플릿을 매주 업데이트하여 월요일에 공유하기 때문에 템플릿

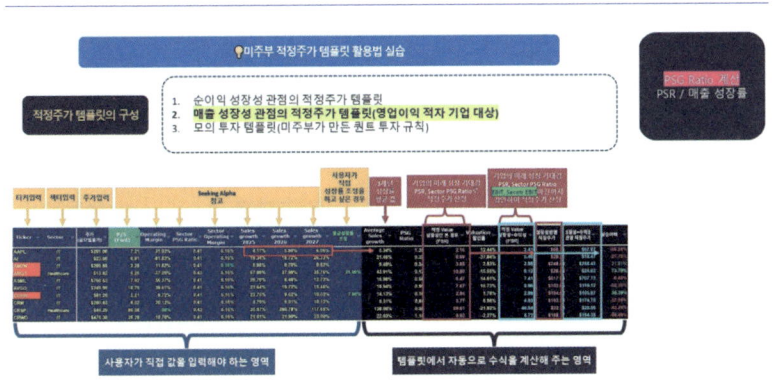

의 현재 주가는 금요일 종가 기준으로 적용됩니다. 즉 템플릿을 작성하는 시점의 주가를 적용하면 된다는 의미입니다.

적정 주가는 EPS 성장률과 PER값을 활용하여 섹터값과 비교하는 방식으로 계산되는데, 순이익 적자 기업의 경우 이 템플릿으로 산정이 불가능합니다. 적자 기업의 경우에 대해서도 적정 주가를 산정하기 위해 다른 방식을 적용하고 있습니다.

매출 성장성 관점의 적정 주가 템플릿 구조

EPS 기반 템플릿만으로는 적자 기업을 평가할 수 없기 때문에 이를 보완하기 위해 매출 성장성 관점의 두 번째 탭을 만들었습니다. 이 템플릿은 영업이익이 적자이지만 성장성이 좋은 기업에 대해 적정 주가를 산출하고자 할 때 유용합니다. 기본적인 구조는 비슷하지만, EPS와 PER 대신 PSR(Price to Sales Ratio)을 활용하며, 이는 Seeking Alpha의 'Valuation' 탭 하단에 있는 Price/Sales 항목에서 확인할 수 있습니다.

순이익 적자 기업이라 수익성 지표를 보조적으로 활용하고 있습니다. Seeking Alpha의 'Profitability' 탭에 있는 'EBIT Margin'을 활용합니다. Sector PSG Ratio는 제가 직접 계산한 값으로, 섹터별 PSR을 섹터 매출 성장률로 나눈 수치입니다. 이를 통해 각 섹터의 밸류에이션 대비 성장성을 판단할 수 있도록 했습니다. IT 섹터의 데이터를 기준으로 설명하면 위의 참고 자료 기준 섹터 PSR은 3.06, 섹터 매출 성장률은 6.99입니다. 이 둘의 비율을 계산하면 PEG는 약 0.44가 됩니다. 값은 매주 업데이트되며, 사용자는 자신의 분석 기준에 맞춰 자유롭게 수정할 수 있습니다. 전체적으로 이 템플릿은 주관적인 판단 요소를 포함할 수 있지만, 데이터 출처와 계산 방식이 명확하게 정리되어 있어 누구나 따라 하기 쉽게 구성되어 있습니다. 특히 주가 평가가 어려운 적자 기업을 분석할 때 효과적으로 활용할 수 있도록 설계된 것이 핵심입니다.

섹터 EBIT Margin과 매출 성장률 확인

섹터 영업이익률은 Seeking Alpha의 'Profitability' 탭에서 EBIT Margin 항목을 통해 확인할 수 있습니다. 성장률 데이터는 'Earnings Estimates' 탭 하단에서 확인할 수 있으며, 유료 버전에서는 3개년 수치(예: 50.01, 25.33, 15.93 등)를 볼 수 있지만, 무료 버전에서 2개년 정도만 확인해도 큰 상관은 없습니다. 다만 3개년 데이터가 더 객관적인 판단에 도움이 됩니다. 이 정보를 입력하면 나머지는 템플릿이 자동으로 계산해줍니다.

나만의 투자 기준을 설정해야 하는 이유

제가 2021년에 적정 주가 템플릿을 만들고 많은 종목들의 적정 주가를 산정해보면서 가장 대표적인 성공 사례이자 교훈을 남긴 사례로 팔란티어가 있습니다. 상장 초기 주가가 40달러까지 상승했던 팔란티

어는 이후 주가가 하락하여 2021년~2022년 당시에는 약 20달러 수준이었습니다. 이때 제가 만든 적정 주가 템플릿은 팔란티어의 적정 주가를 6~7달러로 평가했습니다. 약 6개월 후, 실제 주가가 7달러까지 하락하자 유튜브에 '현재 가격이면 매수하기 좋은 기회'라는 내용의 영상을 올렸습니다. 그 외에도 많은 종목들의 주가가 고점이었을 때, 적정 주가 템플릿을 활용하여 기업의 가치평가 측면에서 저점을 산정했고, 실전 투자에서 아주 유용하게 활용하고 있습니다.

애널리스트들의 목표 주가는 각자의 분석 방법과 주관적인 판단이 개입되기 때문에 애널리스트마다 의견이 다양할 수 있습니다. 이는 투자 기준을 잡는 것을 어렵게 만들 수 있고, 초보 투자자라면 어떤 의견을 신뢰해야 할지 혼란을 겪을 수 있습니다. 따라서 단순히 전문가의 의견을 따라가기보다는 정량적인 데이터를 활용하여 스스로 분석하는 능력을 갖추는 것이 중요합니다.

적정 주가를 산정할 때는 다음과 같은 네 가지 원칙을 고려해야 합니다. 먼저, 애널리스트 리포트에만 의존하지 말아야 합니다. 애널리스트들의 의견은 참고할 수는 있지만 맹목적으로 신뢰해서는 안 됩니다. 동일한 기업이라도 애널리스트마다 적용하는 밸류에이션 방식이 다를 수 있기 때문입니다. 두 번째로 정량적 지표를 활용하여 합리적인 투자 결정을 내려야 합니다. 단순히 '현재 주가가 많이 떨어졌다'는 감각적인 판단보다는 PER, PSR, PEG, PSG 같은 핵심 지표를 비교하여 기업의 가치를 판단하는 논리적인 기준을 설정해야 합니다.

세 번째는 동종업계 및 섹터 평균과 비교해야 합니다. 개별 기업만

볼 것이 아니라 비슷한 업종의 경쟁사들과 비교하여 평가해야 합니다. 동종 기업 대비 PER, PSR 등이 과도하게 높거나 낮은지를 분석하면 현재 주가가 저평가인지, 고평가인지 판단할 수 있습니다. 마지막으로 단기적인 시장 변동성보다 장기적인 성장성을 우선 고려해야 합니다. 금리 인상, 인플레이션, 일시적인 악재 등 시장의 단기적인 변동성에 휩쓸리지 않고 기업의 본질적인 가치를 판단해야 합니다. 기업이 지속적으로 성장할 수 있는 경쟁력을 확보하고 있는지를 확인하는 것이 중요합니다.

투자 결정을 내리기 전 스스로에게 던져야 할 질문들

적정 주가를 산정했다고 해서 무조건 매수해야 하는 것은 아닙니다. 투자 결정을 내리기 전에는 다음과 같은 질문들을 스스로에게 던져보아야 합니다. 그리고 질문들에 대한 답을 명확히 할 수 있을 때 올바른 투자 결정을 내릴 수 있습니다.

1. 이 기업의 비즈니스 모델을 명확히 이해하고 있는가?

2. 현재 시장에서 이 기업이 차지하는 위치는 어떠한가?

3. 이 기업의 밸류에이션이 동종업계 기업들과 비교했을 때 적절한가?

4. PER, PSR 등 주요 지표를 고려했을 때 과거보다 저평가 상태인가?

5. 현재 주가가 단기적인 이슈로 인해 과도하게 하락한 것인가?

6. 장기적인 관점에서 이 기업이 지속적으로 성장할 가능성이 있는가?

주식 시장은 단기적으로는 감정과 기대 심리에 의해 움직이지만, 장기적으로는 기업의 본질적인 가치에 수렴합니다. 많은 개인 투자자들이 '주가가 많이 떨어졌으니 이제 오를 것이다'라는 감각적인 판단으로 매수하지만, 이는 매우 위험한 접근 방식입니다. 주가는 기업의 미래 성장성을 반영한 결과물이며 단순히 하락했다고 해서 가격이 싸지는 않습니다. 벨류에이션을 정량적으로 분석해야 시장의 심리에 휘둘리지 않고 투자 결정을 내릴 수 있습니다.

주식 투자에서 가장 중요한 것은 잃지 않는 전략을 세우는 것이며, 단기적으로 높은 주가 상승을 노리기보다 논리적인 접근으로 시장에서 지속적으로 살아남을 수 있는 투자자가 되는 것이 중요합니다. 주식 투자는 야구 경기와도 비슷합니다. 야구에서는 스트라이크가 세 번 들어오기 전까지 배트를 휘둘러야 하지만, 주식에서는 자신이 확신하는 기회가 올 때까지 얼마든지 기다릴 수 있습니다. 내가 투자하고자 하는 기업이 정말로 가치 있는 기업인지 평가하고, 적정한 가격에서 매수할 수 있는지를 분석해야 합니다.

모의 투자 탭과 상승 여력 가중치의 의미

세 번째 탭은 순이익과 매출 성장성 기반의 적정 주가를 활용하여

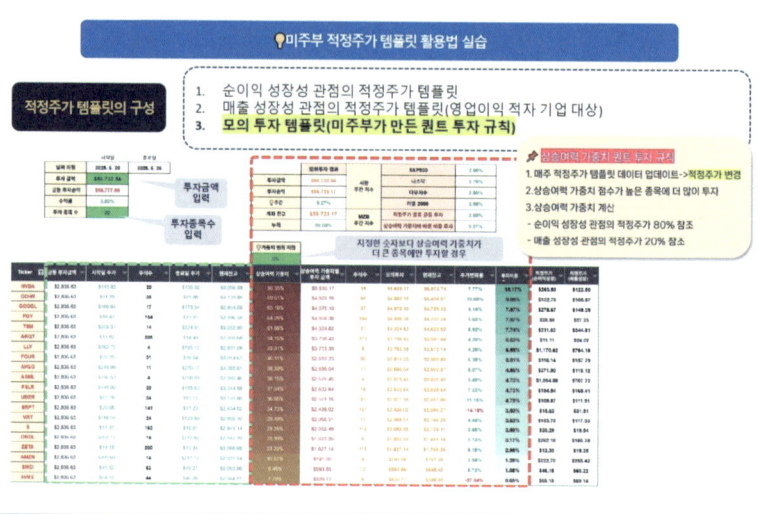

포트폴리오를 구성할 수 있도록 만든 곳입니다. 예를 들어 적정 주가 템플릿을 활용하여 30개 종목에 대한 적정 주가를 산정한다고 가정했을 때, 적정 주가 대상인 종목이 10개 종목이었다면, 이 세번째 탭에는 적정 주가 대상인 10개 종목만 표기되는 것입니다. 모든 항목에 수식이 적용되어 있으며, 날짜나 투자 종목 수 같은 항목은 사용자가 직접 수정할 수 있습니다. 예를 들어 '투자 종목 수'가 5로 설정되어 있으면 적정 주가 기준으로 투자 대상이 되는 5개 종목을 의미하며, 이 숫자에 맞춰 포트폴리오가 구성됩니다.

상승 여력 가중치 기준 역시 사용자가 조절할 수 있습니다. 만약 30% 이상 상승 여력이 있는 종목에만 투자하고 싶다면 가중치 기준을 30으로 설정하면 그 이하 종목은 자동으로 제외됩니다. 여기서 상

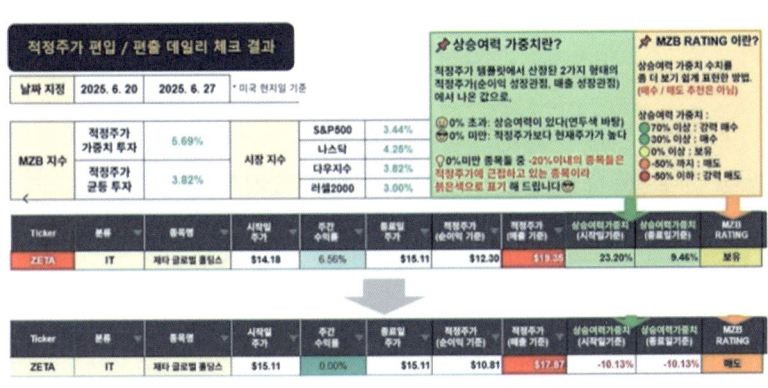

승 여력 가중치란 순이익 성장성 기반 적정 주가를 80%, 매출 성장성 기반 적정 주가를 20% 반영하여 산출한 포인트입니다. 이는 제가 만든 퀀트 규칙의 포인트 점수일 뿐, 실제 상승 여력을 의미하는 것은 아닙니다. 예를 들어 상승 여력 가중치가 100%라고 가정할 때, 이 값은 성장 가능성이 2배라는 의미가 아니라, 단지 내부 퀀트 점수로 해석하면 됩니다. 애플처럼 순이익이 충분히 나오는 기업은 매출 성장성 기반 적정 주가와 실제 주가 간 괴리감이 클 수밖에 없기 때문에 이러한 계산식을 사용하여 상승 여력 가중치 포인트를 종합적으로 판단하는 것입니다.

주간 리밸런싱과 투자 전략 성과

이 포트폴리오는 매주 월요일마다 리밸런싱됩니다. 적정 주가 템플릿을 업데이트하면서 종목별 상승 여력 가중치가 변하고, 적정 주가 대상 종목도 매주 바뀔 수 있습니다. 상승 여력 점수가 높은 종목일수록 투자 금액이 커지도록 구성되어 있으며, 투자에 참고할 수 있도록 동일 금액 투자 방식과 가중치 투자 방식을 비교하고 있습니다. 위의 이미지를 기준으로 보면 동일 금액 투자 방식의 주간 수익률은 3.6%였던 반면, 가중치 투자 방식은 5.27%였습니다.

미주부 적정 주가 가중치 투자 VS 나스닥 누적 비교

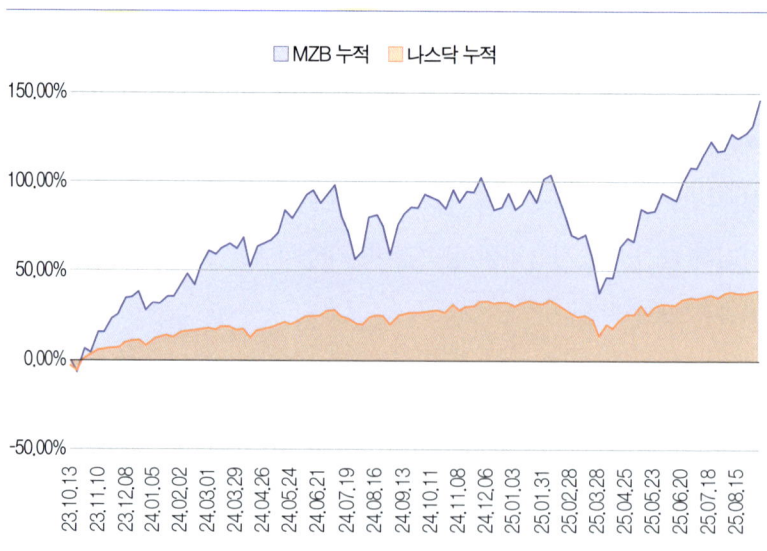

저는 2023년 10월부터 스터디 클럽 시작 후, 퀀트 투자 규칙을 만들어 매주 수익률을 업데이트해왔고, 100주 동안의 누적 수익률은 146%이며, 같은 기간 나스닥 누적 수익률 39%를 크게 앞서고 있습니다.

MZB 퀀트 투자 규칙을 만들게 된 계기

원래 AppLovin처럼 특정 종목을 적정 주가 템플릿에 넣어 적정 주가 대상이 되면 정밀 분석 후 투자하는 루틴을 따랐지만, 스터디 클럽을 시작하면서 새로운 방식을 시도해보았습니다. 종목 분석이 어렵고 번거롭다고 느껴져서 복잡한 공부를 생략하고 적정 주가 대상 종목에만 기계적으로 투자하면 어떤 결과가 나올지 실험해본 것입니다. 더나아가, 단순히 기계적인 투자뿐 아니라 상승 여력 가중치 점수가 높은 종목에 더 많은 금액을 투자하는 방식까지 반영하여 이 전략을 적용했으며, 오랜 검증 끝에 실제 계좌에서도 운영하고 있습니다.

● MZB 퀀트 투자 규칙

1. 관심 종목을 적정 주가 템플릿에 대입하여 종목별 적정 주가를 산정한다.
2. 순이익 성장성 관점의 적정 주가와 매출 성장성 관점의 적정 주가를 기준으로 상승 여력 가중치 포인트를 계산한다.
3. 상승 여력 가중치 포인트 점수가 높은 종목에 가중 투자한다.

4. 주 1회 적정 주가 템플릿을 업데이트하여, 상승 여력 가중치 포인트를 업데이트한다.

5. 상승 여력 가중치 포인트 확인 후 비중에 맞게 조정한다.

위의 투자 규칙으로 진행하고 있고, 이 모든 과정을 템플릿이 계산해주고 있습니다. 저 역시 템플릿을 활용하여 실전 투자에 적용하고 있으며, 스터디 클럽에서는 매주 적정 주가 템플릿 데이터를 업데이트하여 공유해드리기 때문에 포트폴리오 리밸런싱 주기를 주 1회 기준으로 삼았지만 제 실전 투자 계좌는 월 1회 리밸런싱을 진행하고 있습니다.

템플릿 활용 시 주의할 점

마지막으로 가장 중요한 주의사항이 있습니다. 바로 시트의 3개 탭인 적정 주가(순이익), 적정 주가(매출), 모의 투자의 티커 정렬 순서가 같아야 한다는 것입니다. 이 정렬 순서가 동일해야 모든 시트에서 수식이 정상적으로 작동합니다. 따라서 종목을 추가하거나 삭제할 때도 반드시 순서를 맞춰야 하며, 좀 더 자세한 내용 및 활용 방법은 QR 코드로 안내한 교육 영상을 통해 실습까지 같이 해보시기 바랍니다. 적정 주가 템플릿 실전 활용법과 모의 투자 템플릿을 통한 포트폴리오 구성 영상을 참고하면 글로 보는 것보다 더욱 구체적으로 이해할 수

있습니다. 지금까지 글로 읽으면서 이해하기 힘
들다고 느끼는 분들이 계실 것 같아 교육 영상
자료도 보실 수 있도록 해드리겠습니다. 단, 이
영상을 시청하기 위해서는 스터디 클럽의 30일
무료 이용권을 먼저 등록해야 합니다.

성장률 추적기 템플릿을 활용하여 기업 실적을 예측하는 방법

적정 주가 템플릿의 데이터를 매주 업데이트하면서 꾸준히 관리하다 보니 필자가 밀착 관리하는 종목들의 EPS/매출 성장률 데이터가 꾸준히 쌓이게 되었고, 이 데이터를 어떻게 활용할 수 있을지 고민했습니다. 단순히 주가의 적정성을 평가하는 것을 넘어 기업의 성장률의 방향성 변화가 기업의 주가를 예측하는 데 중요한 단서가 될 수 있다는 점을 깨닫게 되었습니다.

성장률 추적기 템플릿은 제가 운영하는 스터디 클럽인 'MZB 파이어니어 클럽'을 시작하면서 적정 주가 템플릿을 업데이트하며 매주 쌓이는 데이터를 활용할 수 없을지 고민하게 되면서 만들게 되었고, 이 과정에서 자연스럽게 성장률 추적기가 탄생했습니다. 성장률 추적기는 단순한 적정 주가 평가를 넘어, 기업의 실적 성장률과 시장의 변화를 주기적으로 분석하는 도구입니다. 이를 통해 투자 기회를 더욱 효과적으로 포착할 수 있었고, 보다 체계적인 투자 전략을 수립할 수 있었습니다.

이 장에서는 성장률 추적기를 활용해 실적 발표 전 주가 급등락을 예측하는 실전 투자 전략에 대해 이야기하고자 합니다. 이 성장률 추적기는 처음부터 완성된 것이 아니라, 지난 2년간의 데이터 분석과 경험을 통해 점진적으로 발전시킨 도구입니다. 따라서 이 도구가 탄생하게 된 과정과 배경을 이해하는 것이 중요합니다.

기업의 실적 발표 이후 주가는 급등하기도 하고 급락하기도 합니다. 팔란티어의 2024년 4분기 실적 발표 사례를 보면 실적 발표 후 애프터 마켓에서 주가가 23% 급등하는 모습을 보였습니다. 당시 실적 발표 전 성장률 추적기로 분석했을 때 EPS(주당순이익)와 매출 성장률이 3주간 상승 추세를 보였고, 결국 예상대로 어닝 서프라이즈가 나오면서 주가가 크게 올랐습니다. 이러한 패턴을 미리 파악할 수 있다면 실적 발표 시즌에 효과적으로 대응할 수 있습니다.

실적 발표 후 주가가 급등락하는 이유는 크게 세 가지로 정리할 수 있습니다. 첫째, 애널리스트 컨센서스 대비 실제 실적이 어떻게 나왔느냐입니다. 애널리스트들이 예상한 기업의 실적을 컨센서스라고 하는데, 실제 실적이 이 기대치를 넘어서면 어닝 서프라이즈, 기대보다 낮으면 어닝 쇼크로 해석되며 주가가 급등하거나 급락하게 됩니다.

둘째, 가이던스(전망치)도 중요한 요소입니다. 실적 발표는 과거 데이터를 공개하는 것이지만, 가이던스는 기업이 발표하는 향후 실적 전망입니다. 경영진이 향후 실적이 더 좋아질 것이라고 발표하면 가이던스 상향으로 해석되고, 반대로 전망이 기대보다 낮으면 가이던스 하향으로 평가됩니다. 어닝 서프라이즈가 나왔더라도 가이던스가 하향 조정되면 주가가 오히려 하락하는 경우도 많습니다.

셋째, 시장 심리와 매크로 환경을 고려해야 합니다. 같은 실적 발표라도 시장 분위기에 따라 주가 반응이 달라질 수 있습니다. 2024년 2분기에는 AI 반도체 기업들의 주가가 이미 크게 오른 상태였기 때문에 웬만한 어닝 서프라이즈로는 주가가 추가 상승하기 어려운 상황이었습니다. 즉 실적 자체뿐 아니라 현재 시장이 어떤 기대를 가지고 있는지, 전체적인 흐름이 어떤지까지 함께 고려해야 합니다. 이처럼 실적 발표 전 주가 흐름을 예측하는 것은 쉽지 않은 과정입니다. 그래서 여러 변수를 간소화하여 정리할 수 있도록 성장률 추적기와 적정 주가 템플릿을 만들었습니다.

성장률 추적기를 활용하면서 흥미로운 패턴을 발견했는데 추적기가 상승 추세일 때 실적 발표 이후 주가가 급등하는 경우가 많았고, 반대로 하락 추세일 때는 주가가 급락하는 경우가 많았다는 점입니다. 리비안의 경우, 2024년에 성장률 추적기 기준으로 6주간 성장률 컨센서스가 하락했을 때 실적 발표 후 어닝 쇼크가 발생하는 모습을 확인할 수 있었습니다. 반대로 엔비디아의 경우 성장률 추적기 기준으로 6주간 성장률의 방향성이 상승의 방향이었고, 어닝 서프라이즈 및 실적 발표 이후 주가가 급등하는 패턴을 보였습니다. 이 경험을 계기로 성장률 추적기의 데이터를 보다 체계적으로 기록하고 분석하기 시작했습니다.

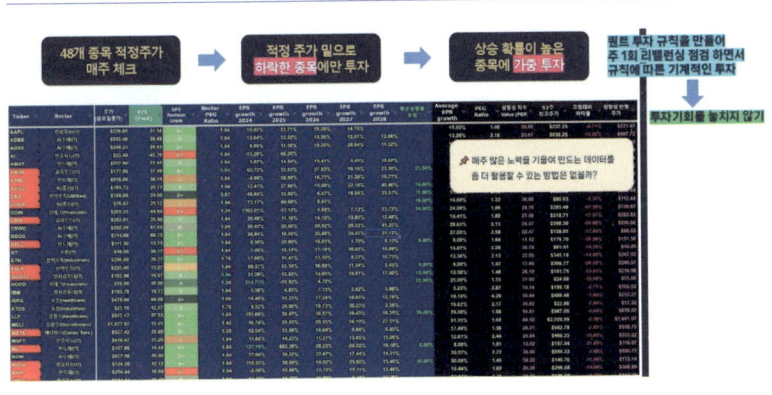

성장률 추적기 템플릿의 체계적 분석

현재 사용하는 성장률 추적기 템플릿은 밀착 관리하는 종목들의 성장률을 체계적으로 분석하도록 구성되어 있습니다. 여기에는 주차별 데이터를 기록하는 칸이 있어 주가 변화와 적정 주가 사이의 차이를 비교할 수 있습니다. 이 데이터를 매주 업데이트하고 분석하며 스터디 클럽 회원들과 공유하고 있습니다.

성장률 추적기는 종목별 실적 발표 전후 데이터를 비교하고 주가 변동 패턴을 파악하는 데 유용합니다. 이를 통해 실적 발표 후 주가가 어떻게 움직일지를 더욱 정교하게 예측할 수 있습니다. 특히 2024년 1분기부터 2025년 4분기까지 약 2년 동안의 기록을 통해 각 종목의 실적 발표 전후 변화를 분석하는 체계가 갖춰졌습니다. 예를 들어 6주 동안 주가가 하락한 종목이 실적 발표 후 실제로 하락했는지, 반대로 상승한 종목이 긍정적인 흐름을 이어갔는지를 데이터로 검증할 수 있습니다. 이를 통해 컨센서스 변화가 주가 변동성과 어떻게 연관되는지 분석하고, 더 정교한 투자 전략을 세울 수 있습니다.

더 나아가 실적 발표 후 주가 변화뿐만 아니라, 가이던스와의 관계도 분석합니다. 실적 발표 후 애널리스트들의 컨센서스 변화가 시장 기대치와 일치하는지, 예상과 다르게 반응하는지를 지속적으로 기록하면서 실적 결과와의 연관성이 높은 패턴을 분석해오고 있었으며 이를 통해 투자자들이 과거 실적뿐 아니라 앞으로의 성장성을 객관적으로 판단할 수 있도록 돕고 있습니다.

Seeking Alpha와 컨센서스 활용법의 교훈

이러한 분석 방식은 시킹 알파의 퀀트 투자 방식과 유사한 개념입니다.

투자 요소 평가

	현재	3개월 전	6개월 전
벨류에이션	C-	B	B-
성장성	B	A-	A-
수익성	D-	D-	D-
모멘텀	A+	A+	A+
리비전	D+	B+	B

시킹알파에서는 기업의 가치 평가, 성장성, 수익성, 모멘텀 등을 분석하며, 특히 '리비전(Revision)' 등급을 중요하게 다룹니다.

리비전 등급은 애널리스트들이 특정 종목의 컨센서스를 상향 또는 하향 조정했는지에 따라 점수를 매기는 방식입니다. 예를 들어 90일 동안 16명의 애널리스트가 컨센서스를 상향 조정하고 하향 조정한 애널리스트가 없다면 A 등급을 받는 식입니다. 이와 유사한 방식을 적용하여 실적 발표 전 시장의 미묘한 변화를 감지하고 실적 결과를 예측할 수 있는 모델을 만들고자 했습니다. 6주 또는 3주 단위로 데이터

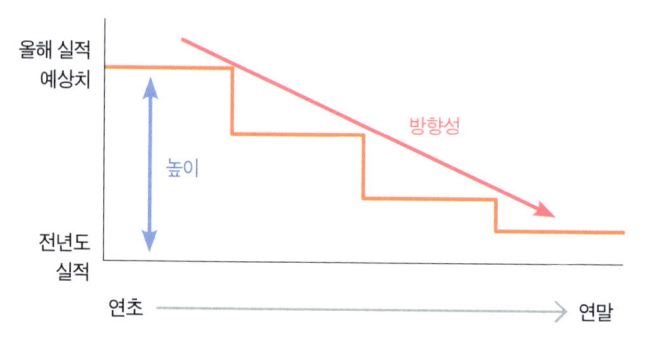

를 분석하며 시장의 변화를 빠르게 포착할 수 있도록 노력하고 있습니다.

이러한 데이터들을 기록하면서 나름의 빅데이터를 쌓아가던 중, 한 애널리스트가 작성한 '컨센서스 활용법'이라는 글을 발견했습니다. 그 글의 핵심 개념은 '높이보다 방향성이 중요하다'는 것이었습니다. 여기서 높이는 EPS 성장률의 수치 자체를 의미하고, 방향성은 이 데이터가 시간이 흐르면서 상승하는지 하락하는지를 나타냅니다. 즉 단순히 현재 수치가 높은지 낮은지를 보는 것이 아니라, 그 수치가 계속 증가하는 추세인지 감소하는 추세인지를 분석하는 것이 더 중요하다는 뜻입니다.

이 개념을 제가 만든 템플릿에 접목시켜보면 적정 주가 템플릿이 '높이'를 측정하는 역할을 하고, 성장률 추적기가 '방향성'을 분석하는 역할을 하고 있다고 볼 수 있습니다. 결국, 이 두 가지 도구가 각각 투자의 핵심 요소를 담당하고 있었던 것입니다.

성장률 추적기, 적정 주가 템플릿의 종합적인 활용

저는 컨센서스 높이, 방향성, 밸류에이션이라는 세 가지 요소를 종합적으로 분석하는 것이 중요하다고 판단했습니다. 즉 적정 주가 템플릿을 활용해 현재 주가가 적정 가격 대비 상승 여력이 있는지 확인하고, 성장률 추적기를 통해 애널리스트 컨센서스의 방향성이 상승하

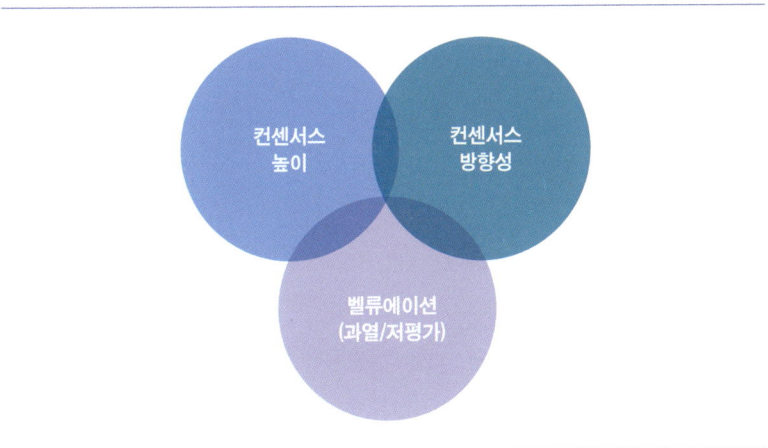

는지 하락하는지 파악하며, 실적 결과를 예측하는 방식을 연구하기 시작했습니다. 이 방식이 유의미한 결과를 낼 수 있을지 테스트하기 위해 1년간 데이터를 쌓고 실전 투자에 계속 적용하며 검증했습니다. 그 결과 어느 정도 명확한 패턴이 보이기 시작했습니다.

이러한 방식은 시간이 부족한 투자자에게도 효과적으로 활용될 수 있습니다. 본업이 있어 투자 공부에 많은 시간을 할애하기 어려운 경우가 많지만, 컨센서스의 높이와 방향성만 잘 체크해도 시장의 흐름을 읽고 투자 결정을 내리는 데 큰 도움이 될 수 있기 때문입니다. 이 방법을 체계적으로 적용하면 보다 안정적이고 효율적인 투자 전략을 세울 수 있습니다.

실전 투자 활용 사례

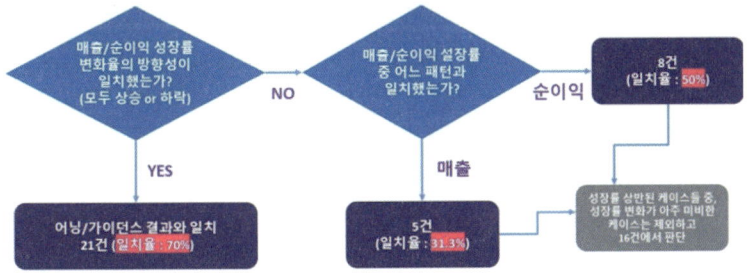

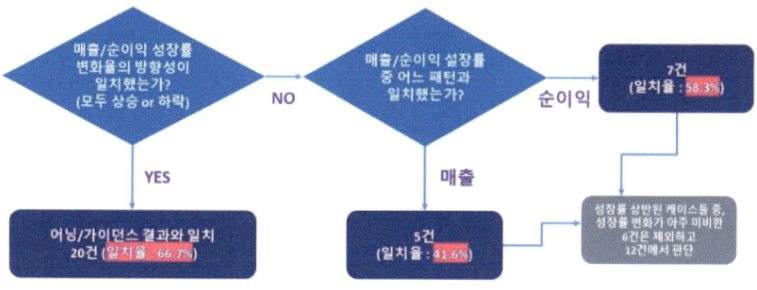

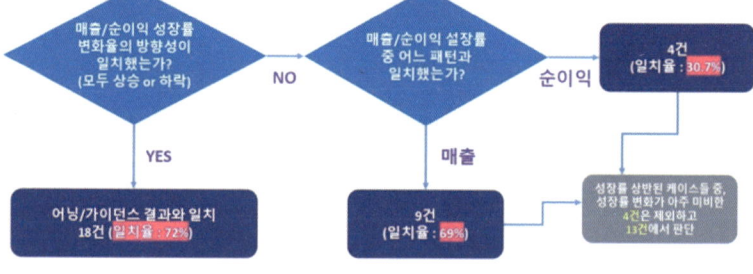

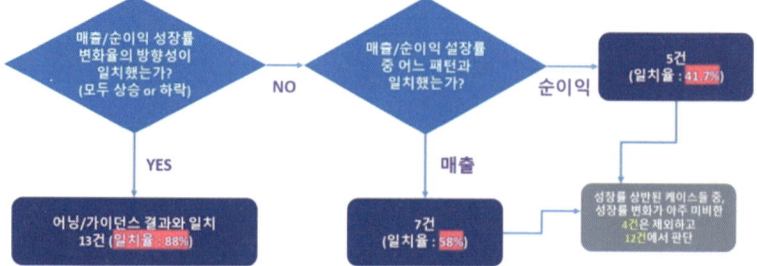

성장률 추적기를 만든 이후, 스터디 클럽에서 밀착 관리하는 37개 종목들의 성장률 추적기 패턴과 실적 결과 및 주가의 급등락에 대한 데이터를 구축해오고 있습니다. 이렇게 연관 규칙에 대한 연구를 하면서 좀 더 실제 주가의 방향과 일치하는 연관 규칙을 찾아내는 연구를 지속하고 있습니다. 2024년 1분기 데이터를 기준으로 6주간 성장률 추적기를 분석했을 때, 매출과 순이익 성장률이 동일한 방향으로 움직인 경우(둘 다 상승하거나 하락), 실적 발표 후 주가 변동 방향과 일치하는 비율이 70%였습니다. 이는 의미 있는 수치로, 매출과 순이익 성장률의 방향성이 일치하는 종목을 투자 판단에 활용할 수 있다는 가능성을 보여줍니다.

반면 매출과 순이익 성장률이 서로 반대 방향으로 움직인 경우에는 실적 발표 후 주가 흐름과의 상관성이 높지 않았습니다. 2024년 1분기 데이터에서 이러한 경우의 연관성은 30~50%에 불과했습니다. 즉 매출과 순이익 성장률이 반대로 움직이는 경우에는 실적 발표 후 주가 흐름을 예측하는 데 큰 도움이 되지 않는다는 결론을 내릴 수 있었습니다. 이러한 패턴을 검증하기 위해 2024년 2분기에도 동일한 방식으로 데이터를 기록했으며, 이때의 일치율은 66.7%로 1분기보다 소폭 낮았지만 여전히 의미 있는 수치였습니다. 또한, 2024년 3분기에는 분석 방식을 더 정교하게 다듬어 6주간 성장률 추적기뿐만 아니라 3주간 성장률 추적기도 병행하여 데이터를 분석했습니다. 그 결과, 3주간 성장률 추적기의 일치율이 72%로 6주간 성장률 추적기보다 더 높은 신뢰도를 보였습니다.

2024년 4분기 성장률 추적기 분석 결과

Ticker	순이익(EPS) 성장률 추이	매출 성장률 추이	3주간 주가 변화	실적결과 및 주가 방향 예상 (어닝+가이던스)	실적발표 후 주가변화	어닝결과	가이던스	데이터 패턴 일치 여부(대주) (●○○)	미래(EPS) 패 일치 여부(대주) (●○○)	매출 패턴 일치 여부(대주) (●○○)	기준 추이	실적발표일
AAPL	-8.84%	-8.24%	-12.48%	부정	-0.67%	숏	부정	●			68	2025.1.30
AMZN	0.51%	0.00%	5.20%		-4.08%	세트라이드	부정	○			69	2025.2.6
ASML	18.83%	46.88%	3.77%	긍정	3.42%	세트라이드	긍정	●			68	2025.1.29
COHR	0%	0%	-8.70%	긍정	11.50%	세트라이드	긍정	○			69	2025.2.5
DDOG	%	%	-1.91%		-6.24%	세트라이드	부정	○			70	2025.2.13
GOOGL	9.40%	-8.07%	4.09%	부정	-7.29%	숏	미제공	○		●	69	2025.2.4
LLY	-1.45%(●)	-0.69%(●)	11.76%	긍정	3.38%	숏	긍정	●			68	2025.2.6
META	0.58%	0.00%	10.63%	긍정	1.66%	세트라이드	긍정	●			68	2025.1.29
MSFT	-1.24%	-0.37%	1.71%	부정	-6.18%	세트라이드	부정	●			68	2025.1.29
NOW	-0.10%	-0.13%	3.09%	부정	-11.44%	세트라이드	부정	●			68	2025.1.29
PGY	1.75%(●)	-0.16%(●)	20.08%		24.28%	세트라이드	긍정	●			70	2025.2.13
PLTR	2.07%	1.16%	4.31%	긍정	22.76%	세트라이드	긍정	●			69	2025.2.4
QCOM	7.58%	3.32%	5.09%	긍정	1.63%	미제공	미제공	●			69	2025.2.5
SHOP	0.13%	0.04%	7.47%		3.08%	세트라이드	미제공	●			70	2025.2.11
SMCI	%	%	8.58%		2.77%	숏	부정	○	-	-	70	2025.2.11
TSLA	8.44%	-2.40%	-3.44%	.	2.87%	숏	미제공	○		●	68	2025.1.29
TSM	9.93%	-5.83%(●)	2.64%	긍정	3.86%	세트라이드	긍정	●			66	2025.1.16
UBER	1.17%(●)	0.12%(●)	9.38%	부정	-7.56%	세트라이드	부정	●			69	2025.2.5
VRT	%	%	-3.41%		-8.74%	세트라이드	부정	○			70	2025.2.12

이러한 분석을 통해 매출과 순이익 성장률의 방향성이 일치할 때 실적 발표 후 주가 변동성을 예측하는 중요한 단서가 될 수 있으며, 3주간 성장률 추적기와 실적 발표 하루 전의 컨센서스 변화까지 감지하여 종합적으로 판단하는 것이 더 높은 정확도를 제공한다는 점을 확인했습니다.

성장률 추적기의 실전 분석 사례

스노우플레이크(Snowflake)처럼 6주간 성장률 추적기를 적용했을 때 매출 성장률과 EPS 성장률의 방향성이 서로 반대인 경우, 실적 발표 후 주가 변동성과의 연관성이 낮게 나타났고 실제로도 일관된 패턴을 보이지 않았습니다. 반면, 테슬라와 같이 매출과 순이익 성장률이 모두 하락하는 방향으로 일치한 종목은 실적 발표 이후 주가도 하락하는 경향을 보였습니다.

엔비디아의 경우 6주와 3주간의 성장률 추적기 데이터가 모두 소폭이지만 지속적인 상승 추세를 보여, 실적 발표 후 긍정적인 주가 흐름을 예상할 수 있는 단서가 되었습니다. 4분기 실적 발표에서 3주간 성장률 추적기뿐 아니라, 실적 발표 하루 전 컨센서스 변화까지 함께 확인하는 방식을 도입했습니다. 실적 발표 전날의 미묘한 변화를 감지하면 더 정교한 분석이 가능할 것이라 생각했기 때문입니다. 이를 통

해 또 하나의 새로운 패턴을 발견하게 되었습니다.

실적 발표 시점과 데이터의 관계

성장률 추적기를 활용할 때 가장 중요한 개념은 실적 발표 시점과 데이터의 관계입니다. 기업의 실적 발표는 1분기(4월~5월), 2분기(7월~8월), 3분기(10월~11월), 4분기(1월~2월)에 이루어집니다. 1분기 실적 발표 시점에는 2분기, 3분기, 4분기의 데이터가 미래 예상 데이터가 되지만 2분기 발표 시점에는 1분기와 2분기가 과거 데이터, 3분기와 4분기가 미래 데이터가 됩니다. 현재 시점(2025년 2월)에서는 2024년 4분기 실적 발표가 진행되고 있기 때문에 1분기, 2분기, 3분기의 성장률 데이터는 모두 과거 데이터입니다.

이 개념이 중요한 이유는 실적 발표 당시의 컨센서스 변화가 실적 결과에 큰 영향을 미치기 때문입니다. 엔비디아 같은 종목은 2024년 성장률 추적기가 기준이 되지만, 2025년 가이던스가 상향인지 하향인지는 성장률 추적기만으로는 알 수 없습니다. 이러한 한계를 극복하기 위해 4분기 실적 발표에서 실적 발표 하루 전 컨센서스 변화를 함께 체크하는 방식을 도입했습니다. 실적 발표 직전의 컨센서스 변화는 애널리스트들이 기업 경영진과의 소통을 통해 가장 최신 정보를 반영한 데이터이므로, 이를 분석하면 더 정확한 예측이 가능합니다.

예를 들어 우버(Uber)의 경우를 살펴보겠습니다. 성장률 추적기에

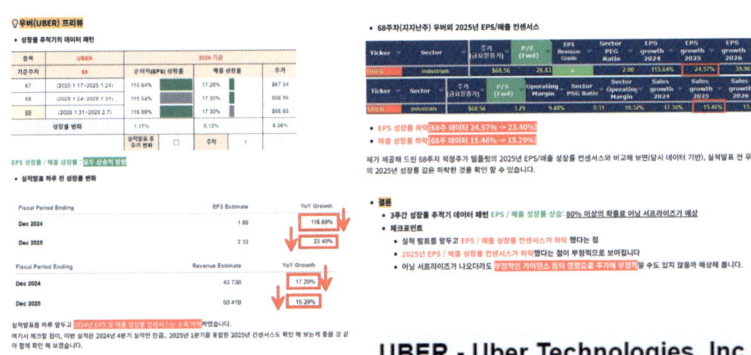

서는 매출과 EPS 성장률이 모두 상승하는 패턴을 보였기 때문에 긍정

적인 실적이 예상되었습니다. 하지만 실적 발표 하루 전 2024년 컨센

서스와 2025년 컨센서스가 모두 하락하는 변화를 보였습니다. 2025

년 EPS 성장률 컨센서스는 24.57에서 23.4로 하락했고, 2025년 매출

성장률 컨센서스는 15.29에서 14.46으로 하락했습니다. 이러한 변화

를 감안했을 때 어닝 쇼크가 발생할 가능성이 높다고 예상할 수 있었

고, 실제로 우버는 예상대로 어닝 쇼크를 기록했습니다. 이를 통해 실

적 발표 하루 전 데이터를 확인하는 것이 실적 예측의 정확도를 높이

는 중요한 요소가 될 수 있음을 확인했습니다.

성장률 추적기를 통한 실전 투자 예측

마이크로소프트(MSFT) 프리뷰

- MSFT 성장률 추적기의 데이터 패턴

종목	MSFT		2024 기준		
기준주차	68	순이익(EPS) 성장률		매출 성장률	주가
66	(2025.1.10~2025.1.17)	10.48%		13.66%	$418.95
67	(2025.1.17~2025.1.24)	10.46%		13.65%	$429.03
68	(2025.1.24~2025.1.31)	10.35%		13.61%	$444.06
	성장률 변화	-1.24%		-0.37%	1.71%

- EPS 성장률 / 매출 성장률 모두 하락의 방향

- 실적발표 하루 전 성장률 변화

Fiscal Period Ending		EPS Estimate	YoY Growth
Jun 2025		13.02	10.33%

Fiscal Period Ending		Revenue Estimate	YoY Growth
Jun 2025		278.45B	13.60%

- EPS 성장률 하락(68주 데이터 10.35% -> -10.33%)
- 매출 성장률 하락(68주 데이터 13.61% -> 13.60%)

- 결론
  - 성장률 추적기 데이터 패턴으로 EPS / 매출 성장률 하락 : 80% 이상의 확률로 어닝 쇼크가 예상
  - 체크포인트 : 실적발표 바로 직전까지 실적 컨센서스가 지속적으로 하락하고 있었다는 점이 체크 포인트 입니다. 그 외 AI 인프라 관련 CAPEX 지출 규모도 체크 포인트입니다.

실적발표 당일 주가

MSFT - Microsoft Corporation

$442.33 -4.87 (-1.09%) 4:00 PM 01/29/25

NASDAQ | $USD | Post-Market $421.88 -20.48 (-4.63%) 7:59 PM

20일 뒤 주가

MSFT - Microsoft Corporation

$408.43 -2.11 (-0.51%) 4:00 PM 02/14/25

마이크로소프트의 경우 3개월 성장률 추적기와 실적 발표 하루 전 컨센서스 변화가 모두 하락하는 부정적인 흐름을 보였습니다. 이를 근거로 실적 발표 전에 보유 지분을 매도했고, 약 80%의 수익을 실현할 수 있었습니다. 이후 시장 조정 가능성을 고려해 현금 비중을 늘렸으며, 실제로 실적 발표 이후 주가가 하락했습니다.

이후 주가가 꾸준히 하락하면서 적정 주가 템플릿 기준으로 적정 주가 범위까지 내려온 것을 확인하고, 다시 마이크로소프트 주식을 매수하였습니다. 기본적으로 장기 투자를 선호하더라도 높은 확률로

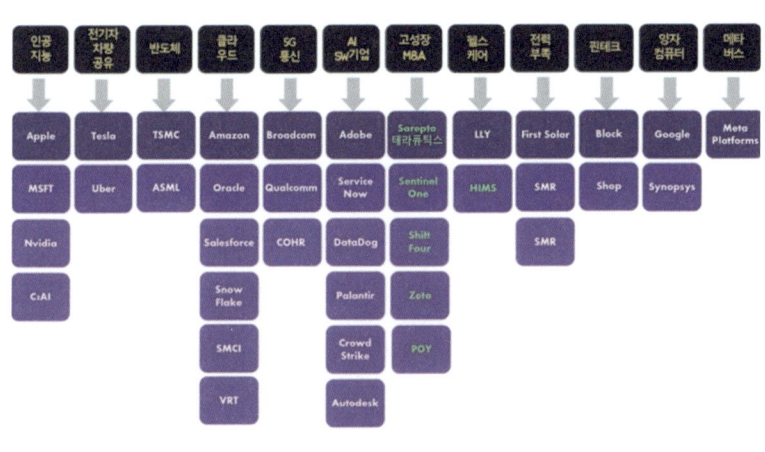

어닝 쇼크가 예상되는 경우 큰 비는 피해 가는 목적으로 성장률 추적기를 실전 투자에 활용해볼 수 있습니다.

우버의 경우, 성장률 추적기상 매출과 EPS 성장률이 상승하는 패턴을 보여 어닝 서프라이즈 가능성을 높게 판단했습니다. 하지만 실적 발표 하루 전 2024년과 2025년 컨센서스가 모두 하락하는 모습을 보였기 때문에 어닝 서프라이즈가 나와도 부정적인 가이던스로 인해 주가가 하락할 수 있다고 예상했습니다. 결과적으로 우버의 실적 발표 이후 주가는 급락했습니다. 이 사례는 실적 발표 하루 전의 컨센서스 변화를 확인하는 것이 얼마나 중요한지 다시 한번 보여줍니다. 이번 분기부터 이 데이터를 함께 분석한 것이 실적 예측 정확도를 더욱 높이는 데 큰 도움이 되었습니다.

성장률 추적기 템플릿의 운영 및 활용

제가 운영하는 스터디 클럽에서는 밀착 관리 종목들의 성장률 추적기 데이터를 따로 관리하고 있으며, 매주 이를 업데이트하여 회원들과 공유하고 있습니다. 회원들이 데이터를 쉽게 이해할 수 있도록 순이익과 매출 성장률이 모두 상승하거나 하락한 종목을 구분하여 정리합니다. 또한 실적 발표를 앞둔 종목들은 별도로 표시해 한눈에 파악할 수 있도록 돕고 있습니다. 이렇게 정리된 성장률 추적기 자료는 회원 전용 방송을 통해 공유됩니다. 매주 일요일에는 실적 발표 예정 종목을 별도로 표시하여 제공하며, 이를 통해 회원들은 실적 발표 전에 종목별 성장률과 컨센서스를 손쉽게 비교하고 투자 판단을 내릴 수 있습니다.

최근 자동화를 적용하면서 밀착 관리 종목뿐만 아니라, 회원들이 요청하는 종목들도 성장률 추적기에 포함하여 분석하고 있습니다. 기존에는 직접 관리하는 종목들만 분석해왔지만, 이제는 회원들의 관심 종목들도 추가하여 데이터를 공유하고 지속적으로 업데이트하고 있습니다. 이처럼 특정 종목에 대한 데이터를 분석하고 싶은 경우, 요청을 통해 추가할 수 있도록 시스템을 확장해 나가고 있습니다.

스터디 클럽에서는 회원들이 직접 성장률 추적기 템플릿을 활용할 수 있도록 실습 방법도 함께 공유합니다. 템플릿을 기반으로 원하는 종목을 추가하거나 조정하여 직접 분석할 수 있으며, 특정 기간 동안의 성장률 변화를 확인하는 방식입니다. 기본적으로 템플릿에는 매출과 EPS 성장률 데이터가 포함되어 있으며, 티커를 입력하면 자동으로

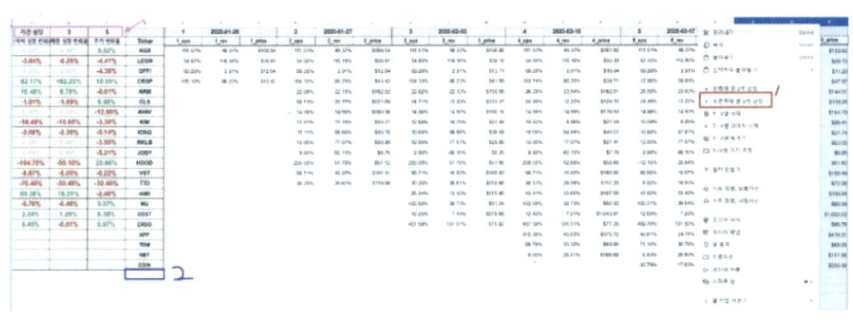

종목이 추가됩니다. 필요 없는 종목은 삭제하고, 모든 수식이 적용된 칸은 유지한 채 새로운 데이터만 입력하면 됩니다. 또한, 성장률 변화를 확인하는 기간을 조정할 수 있는데, 기본 6주 외에 3주, 4주, 5주 등 원하는 기간을 설정하여 성장률 변화를 확인할 수 있습니다.

개별 종목별 데이터 분석도 가능합니다. 예를 들어 'Credo Technology (CRDO)'의 데이터를 보고 싶다면 해당 종목을 선택한 후 특정 주차 (예: 35주 차, 29주 차 등)를 입력하여 과거 데이터와 비교할 수 있습니다. 이를 통해 특정 기간 동안의 성장률 변화를 분석하고 주가 변동과 컨센서스 변화를 비교해볼 수 있습니다.

2025년 9월을 기준으로 이 종목의 1년 수익률은 537%에 달합니다. 이 종목의 성장률 추적기를 확인해보면 EPS/매출 성장률에 대한 컨센 서스가 꾸준히 상승해온 것을 확인 할 수 있습니다. 결론적으로 성장 률 추적기와 적정 주가 템플릿을 활용하면 실적 발표 이후 주가 변동

종목	CRDO	2024 기준		
기준주차	29	순이익 성장률	매출 성장률	주가
24	2025-06-30	116.29%	84.03%	$93.49
25	2025-07-07	117.06%	84.76%	$93.61
26	2025-07-14	117.06%	84.76%	$98.52
27	2025-07-21	122.65%	84.97%	$93.47
28	2025-07-28	122.65%	84.97%	$101.22
29	2025-08-04	120.63%	86.32%	$107.56
☑	최근 6주간 성장률 변화	3.73%	2.73%	15.05%
종목	CRDO	2024 기준		
기준주차	35	순이익 성장률	매출 성장률	주가
30	2025-08-11	120.63%	86.32%	$120.41
31	2025-08-18	120.63%	86.32%	$116.74
32	2025-08-25	120.63%	86.32%	$114.04
33	2025-09-01	120.63%	86.32%	$123.06
34	2025-09-08	187.58%	122.14%	$140.82
35	2025-09-15	187.58%	120.29%	$161.99
☑	최근 6주간 성장률 변화	55.50%	39.35%	34.53%

성을 보다 체계적으로 판단할 수 있습니다. 자동화 시스템을 통해 밀착 관리 종목뿐 아니라 다양한 종목을 분석할 수 있도록 확장했고, 스터디 클럽 회원들이 요청하는 종목도 추가할 수 있도록 운영하고 있습니다.

또한, 특정 기간(3주, 4주, 6주 등)을 설정하여 성장률 변화를 분석하고, 실적 발표 이후 컨센서스 변화를 반영하여 더 정교한 투자 판단이 가능하도록 돕고 있습니다. 이를 통해 보다 체계적으로 데이터를 분석하고, 실적 발표 전후의 시장 반응을 예측하는 투자 전략을 수립할 수 있습니다.

진짜 투자를 위한 특별한 초대

이 책의 마지막 페이지를 덮으신 독자님께 진심으로 축하의 말씀을 드립니다. 여러분은 은퇴 설계부터 투자 철학, ETF와 포트폴리오 전략, 그리고 기업의 적정 주가를 직접 계산하는 방법까지 경제적 자유를 향한 단단한 지식의 토대를 마련하셨습니다. 무엇보다 감이나 소음에 의존하던 과거에서 벗어나, 데이터와 시스템으로 사고하는 '독립적인 투자자'로서 첫발을 내디디셨습니다.

하지만 투자의 여정은 책을 덮는 순간부터 진짜 시작입니다. 시장은 끊임없이 살아서 움직이고, 배움은 멈추지 않아야 합니다. 저 역시 16년간 사업과 투자를 병행하며 수많은 시행착오를 겪었기에, 이 외로운 길 위에서 함께 배우고 성장하는 동료가 얼마나 절실한지 잘 알고 있습니다.

그래서 준비했습니다. 책에서 배운 지식과 템플릿을 실제 시장에 적용하며 나만의 투자 루틴을 완성하고, 장기적인 성공을 함께 만들어갈 분들을 위한 커뮤니티 'MZB 파이어니어 클럽'으로 여러분을 초대합니다.

1. MZB 파이어니어 클럽의 비전: 나의 투자 그릇을 키우는 곳

MZB 파이어니어 클럽은 단순히 '오를 종목'을 찍어주는 리딩방이 아닙니다. 저는 돈을 좇아 '장사'를 했을 때보다, 가치를 좇아 '사업'을 했을 때 비로소 큰 부를 이룰 수 있었습니다. 투자도 마찬가지입니다. 단기적인 수익(What)이 아닌, 명확한 철학(Why)이 있어야 흔들리지 않습니다.

MZB 파이어니어 클럽의 미션

"세상을 이롭게 할 기업에 투자해서 기업과 함께 비전과 성과를 공유하고, 주식 투자를 통해 나를 더 발전시킨다."

이것이 제가 투자를 하는 이유이자, 우리 클럽의 존재 이유입니다. 시장의 소음에 흔들리지 않고 데이터와 원칙에 기반한 자신만의 투자 기준을 세워 '돈 버는 그릇의 크기'를 함께 키워 나가는 것. 그것이 우리가 그리는 미래입니다.

2. 멤버십 프로그램: 책의 지식을 실전의 무기로

클럽에서는 '어떻게(How) 나를 발전시킬 것인가?'라는 질문에 대한 구체적인 답을 제시합니다. 그 핵심은 'VC(벤처캐피탈) 심사역처럼 기업을 분석하는 프로세스'를 누구나 따라 할 수 있도록 만든 미주부 템플릿에 있습니다. MZB 파이어니어 클럽은 책에서 배운 템플릿들을 실전 투자에 활용할 수 있는 투자 루틴을 제공해드리고 있습니다.

매일/매주 만나는 미주부의 투자 루틴

- **[매일] 미 증시 핵심 시황 & 밀착 관리 데일리 체크**

  하루를 시작하기 전, 놓쳐서는 안 될 시장의 흐름을 정리해드립니다. 특히 우리가 주목하는 37개 핵심 유망 기업의 데이터 변화를 매일 추적하여 기회를 포착합니다.

- **[매주] 적정 주가 템플릿 & 성장률 추적기 업데이트**

  책에서 배운 템플릿, 매번 직접 입력하기 번거로우셨죠? 클럽에서는 최신 실적과 컨센서스가 반영된 데이터를 매주 월요일 제공합니다. '팔란티어 7달러'의 기회를 놓쳤던 아쉬움을 반복하지 않도록 매수의 적기를 데이터로 확인하세요.

- **[수시] 투자 인사이트 & 유망 종목 발굴**

  새로운 투자 아이디어를 탐색하고, 발굴한 종목을 심층 분석하여 밀착 관리 대상으로 편입할지 결정하는 과정을 공유합니다. 물고기를 잡는 법을 넘어 '물고기가 있는 곳을 찾는 법'을 배울 수 있습니다.

- **[일요일] 회원 전용 특별 방송**

  한 주간의 시장을 정리하고 다음 주를 대비하는 심층 라이브 방송을 통해 투자 전략을 재정비합니다.

3. 독자 전용:
투자를 완성하는 시크릿 혜택 5종

책은 멈춰 있지만 시장은 계속 움직입니다. 책에서 배운 내용을 변화하는 시장에 맞춰 200% 실전으로 연결할 수 있도록, 오직 독자님만을 위한 〈미주부 독자 전용 공지방〉을 개설했습니다.

이곳에 입장하시는 즉시, 투자를 완성하는 5가지 시크릿 혜택이 제공됩니다.

[즉시 제공] 입장하자마자 받는 핵심 무기 2종

- 혜택1: MZB 파이어니어 클럽 30일 무료 구독권

  책에서 배운 템플릿과 전략, 혼자 실행하기 막막하셨나요? 공지방 상단 공지 혹은 아래 QR 코드 스캔을 통해 30일 무료 구독권을 등록하세요.

  매일 업데이트되는 데이터와 미주부의 투자 루틴을 한 달간 무

료로 체험하며 온전히 내 것으로 만들 수 있습니다.

* 프롤로그에서 30일 무료 구독권을 이미 사용하신 독자분들은 중복 사용이 불가합니다. 시크릿 혜택 2번부터 순차적으로 확인해주세요.

- 혜택2: [미주부 연간 전망 특강] 2026년 미국 주식 시장 전망
  2025년을 넘어 다가올 2026년의 기회는 어디에 있을까요? 책에 미처 담지 못한 거시경제의 흐름과 새롭게 주목해야 할 섹터에 대한 미주부의 심층 분석 특강을 제공합니다. (25년 12월 21일 녹화본)

[순차 공개] 끝까지 함께하는 시크릿 혜택 3종

공지방에 계신 독자님들을 위해 실전 투자에 꼭 필요한 순간, 미주부의 시각과 인사이트를 담은 알짜 자료들을 순차적으로 공개합니다.

[입장 안내] 모든 혜택은 여기서 시작됩니다

혜택을 받는 방법은 간단합니다. 위 독자 공지방 입장 QR 코드를 스캔하여 〈미주부 독자 전용 공지방〉에 입장하세요. 입장 후 상단 공지를 확인하시면 30일 무료 구독권 링크와 준비된 선물들을 즉시 받아보실 수 있습니다. 지금 바로 공지방에 입장하여 책 한 권 이상의 가치를 경험하고 투자의 마지막 퍼즐을 완성하세요.

나만의 투자 루틴을 완성하는
미주부 주식 투자 수업

초판 1쇄 인쇄 2025년 12월 5일
초판 1쇄 발행 2025년 12월 9일

지은이 미주부 김훈

펴낸이 정병철
펴낸곳 ㈜이든하우스출판
등록 2021년 5월 7일 제2021-000134호

주소 서울시 마포구 양화로 133 서교타워 1201호
전화 02-323-1410 **팩스** 02-6499-1411
이메일 eden@knomad.co.kr

ⓒ 김훈, 2025
ISBN 979-11-94353-41-6 (03320)

> ㈜이든하우스출판은 여러분의 소중한 원고를 기다립니다.
> 책에 대한 아이디어와 원고가 있다면 메일 주소 eden@knomad.co.kr로 보내주세요.